KB243039

상대방의 마음에 다다르는 말

처음 만난 사람도 단숨에 마음을 여는 공감 대화법

상대방의 마음에 다다르는 말

지은이 다카야마 나오(高山直)
옮긴이 이정환
펴낸이 양동현
펴낸곳 도서출판 아카데미북
　　　　　출판등록 제13-493호
　　　　　주소 136-034, 서울 성북구 동소문동4가 124-2
　　　　　전화 02) 927-2345 팩스 02) 927-3199

초판 1쇄 인쇄 2008년 12월 5일
초판 1쇄 발행 2008년 12월 10일

ISBN 978-89-5681-091-1 / 13320

ISSHUN DE KUUKI WO KAERU EQ AITE NO KOKORO NI TODOKUKOTOBA
© NAO TAKAYAMA 2007
Originally published in Japan in 2007 by NIPPON JITSUGYO PUBLISHING CO.,LTD.
Korean translation rights arranged through TOHAN CORPORATION, TOKYO
and BOOKPOST AGENCY, SEOUL.

www.academy-book.co.kr

상대방의 마음에 다다르는 말

다카야마 나오 지음 | 이정환 옮김

아카데미북

말도 행동이고, 행동도 말의 일종이다.

— 랄프 왈도 에머슨

몇 마디 말로써 상대의 감정을 이해하고 나면
마음에 다다르는 말을 할 수 있다

"말이 제대로 전달되지 않는다. 진심을 전하기가 쉽지 않다."
"말이 상대의 마음에 가 닿지 않는다. 자꾸 오해가 생긴다."

이렇듯 말과 관련된 문제로 고민하는 사람이 의외로 많다. 의도와는 전혀 상관 없이, 내가 던진 말 한 마디 가 논란의 불씨가 되기도 하고, 상대방이 툭 던진 말 한 마디에 기분이 상하기도 한다.

반면에 누군가가 건네준 한 마디의 따뜻한 말에 위안을 받아, 절망에 빠졌던 사람이 용기를 얻고 재기에 성공하는 경우도 볼 수 있다.

EQ(Emotional Quotient, 감성지수) 이론에 의하면, '감정은 행동에 지대한 영향을 미친다.'고 한다. 말 또한 행동의 일부이므로

‘감정은 말에 지대한 영향을 끼친다.’ 고도 표현할 수 있다. 따라서 ‘말’ 로 인한 고민을 해결하는 열쇠는 ‘감정’ 에 있다고 할 수 있다.

‘인간은 사회적 동물’ 이라는 말에서 알 수 있듯이, 사회생활은 곧 인간관계라고 할 수 있다. 인간관계를 이루는 것은 커뮤니케이션으로서, 커뮤니케이션의 가장 큰 수단은 ‘말’ 이다. 그리고 이 ‘말’ 은 감정을 나타내는 가장 확실한 행동 가운데 하나이다.

그런데 ‘인간은 감정의 동물’ 이라고는 하지만, 일상에서 ‘감정’ 을 특별히 의식하는 사람은 많지 않다. 만일 ‘감정’ 을 적절하게 사용한다면 인간관계에 바탕을 둔 사회생활은 훨씬 매끄러워질 것이다.

말을 하는 사람(話者)이나, 그 말을 받아들이는 사람(聽者)이나 모두 ‘감정’ 을 가지고 있다. 따라서 상대방의 감정을 이해하고 공감함으로써 우리가 사용하는 ‘말’ 이 쉽게 전달되고, 공감대가 깊어질수록 ‘말’ 은 서로의 마음에 진심과 감동을 전할 수 있다.

그렇다면 이 책의 주제이기도 한, ‘공감하는 대화’ 즉 ‘상대방의 마음에 다다르는 말’ 은 어떻게 해야 하는 것일까?

열쇠는 두 가지다. 먼저 상대방의 ‘감정(기분)’ 에 맞는 말을 사용해야 하고, 두 번째는 상대의 감정을 바르게 이해하고 공감하는 말을 사용하는 것이다.

'상대방이 칭찬받고 싶어 할 때 칭찬한다.'

이것은 '칭찬' 할 경우에 반드시 알아두어야 할 상식이다. 그러면 상대가 어떤 칭찬을 원하는지는 어떻게 알 수 있을까.

가볍게 칭찬하는 것이 좋을까, 아니면 감동을 받은 목소리로 "정말 최고야!" 하고 큰 소리로 외쳐 주는 것이 좋을까. 한 마디 말로서 간결하게 칭찬해 주면 되는 걸까, 아니면 미사여구를 동원하여 진지하게 칭찬해 주어야 충분할 것인가.

격려도 마찬가지다. 상대방이 지금 어떤 기분이며, 어떤 식의 격려를 원하는지를 파악한 뒤에 알맞은 방법을 찾아야 한다.

사람은 다양한 상황에서 복합적인 감정을 느낀다. 상대방의 감정과 기분을 배려한 말이야말로 '상대방의 마음에 다다르는 말'이 된다. '다른 사람의 마음을 이해하는 사람' 이란, 상대방의 감정을 이해하고 기분에 맞는 말을 사용할 줄 아는 사람이다.

이 책은 상대방의 감정을 이해하고 공감하면서 마음에 다다르는 말을 다양한 사례를 통하여 소개한다.

여러분도 '상대방의 마음에 다다르는 말'을 사용한다면 틀림없이 '다른 사람의 마음을 이해하는 사람' 이라는 긍정적인 평가와 더불어, 모든 일을 순조롭게 해 나갈 수 있게 될 것이다.

지은이

차 례

PART 3

밝고 긍정적인 말은 어떤 어려운 문제도 해결한다

말에는
다양한 '힘'이 있다

말에는 신비한 힘이 있다

말은 뇌를 자극한다

말에는 상황을 변화시키는 힘이 있다. 따라서 '말'로써 식욕을 돋구는 것도 가능하다.

"맛있겠다."

입맛이 없을 때, 밥상에 차려진 음식을 보고 '맛있겠다'라고 말해 보자. 이 한 마디를 입 밖으로 소리 내어 말함으로써 음식을 여느 때보다 훨씬 더 맛있게 먹을 수 있게 될 것이다.

사람은 외부에서 들어온 정보를 뇌가 어떻게 인지하는가에 따라 반응이 달라진다. '맛있겠다.'고 말하는 순간 침이 생기고 위(胃)도 음식을 받아들일 준비를 시작한다. 침이 고인다는 것은 음식을 맛있게 받아들일 준비 체제가 갖추어졌다는 의미다. 그 결과 음식을 맛있다고 느낄 수 있는 것이다.

이것은 말이 가진 여러 가지 힘 가운데 하나다. '맛이 없겠다.'고 생각하면 그런 반응은 일어나지 않는다(맛이 없어 보이는 음식을 보면 침이 나오지 않는다).

직업 특성상 출장이 잦은 나는 지방에 갈 때마다 말의 힘을 느낄 수 있는 트레이닝을 한다. 이른바 '도시락 트레이닝'이라고 이름을 붙인 이것은, 열차 안에서 판매하는 도시락을 이용하여 식사도 즐겁게 하고 감성 개발 개발 훈련도 겸할 수 있는 유용한 방법이다.

방법은 간단하다.

그 지역의 특산품이나 제철 음식으로 채워진 도시락을 구입한 뒤, 뚜껑을 열고 안에 담긴 음식을 바라보면서 '맛있겠다.'고 소리 내어 말하는 것이다. 그것만으로 평소보다 맛있게 식사를 할 수 있다.

비단 그 효과는 음식을 맛있게 먹는 데 그치지 않는다. 이러한 사고방식을 갖추고 있으면 마음이 긍정적으로 단련되어 업무 성과가 크게 향상된다. 음식을 보고 '맛있겠다.'고 말하고 나서 맛있다고 느끼는 것은 어려운 일을 앞두고 '할 수 있다.'고 느끼는 긍정적 사고와 연결되기 때문이다.

어려운 일을 하게 되었을 때 "난 할 수 있어!" 하고 입 밖으로 소리 내어 표현해 보자.

이 말은 뇌에 직접적인 영향을 끼친다. "할 수 있어."라는 말에 뇌가 반응을 하고, 그 결과 아드레날린이라는 긍정적인 호르몬의 분비가 촉진되어 일종의 흥분 상태를 만들면서 행동으로 이어지는 에너지와 연결되는 것이다.

"할 수 있어. 그래. 나는 할 수 있어! 반드시 해낼 거야!"

평소에 "맛있겠다."고 소리 내어 표현하던 습관이 자신감 있는 말을 낳는 계기가 되고, 업무에도 자신감 있게 대응하는 원동력이 되는 것이다.

일상의 사소한 일에 긍정적으로 생각하는 습관을 들이면, 어려운 문제에 봉착했을 때도 긍정적이고 적극적으로 자세로 헤쳐 나갈 수 있다.

📢 '해 보자'는 한 마디 말이 의욕을 불러일으킨다

의욕을 고조시키고 싶을 때, '한번 해 보자!', '파이팅!' 등을 외쳐 자신을 격려하는 행동은 말이 지니고 있는 에너지를 무의식중에 주입하는 것이다.

말은 커뮤니케이션의 도구일 뿐만 아니라 감정을 표현하고 조절하는 도구이기도 하다. 즉 말을 적절하게 활용하면 감정을 자신이 바라는 상태로 조절할 수 있게 된다. 생각에만 그칠 것이 아니라 소리 내어 표현해 보면 그런 사실을 보다 더 실감할 수 있다.

지금 어려운 일을 앞두고 있다면 이렇게 말해 보자.

"그래, 한번 해 보자!"

반복할수록 그 말에서 전달되는 에너지는 커진다. 한 번보다는 두 번, 두 번보다 세 번을 되풀이하면 의욕은 더욱 향상될 것이다. 열 번을 되풀이하면 온몸에 의욕이 넘치게 될 것이다.

매일 아침 자리에서 일어나자마자, "오늘도 운이 좋을 것 같아!"라고 반복해서 말해 보자. 이 말 한 마디를 함으로써 정말 운이 좋을 것 같은 기분이 든다. 곧바로 긍정적인 의욕이 끓어오르면서 행동도 적극적으로 변한다. 그리고 행운은 정말 나를 향해 다가온다.

"오늘도 행복할 거야."

이 말은 행운을 부른다.

"나는 천재야!"

이 말은 불가능을 가능하게 만들어 준다.

밝은 말, 적극적인 말, 긍정적인 말은 우리에게 에너지를 부여해 준다.

커다란 고민거리가 생기거나 고통스러운 일을 당하면 다음과 같이 큰 소리로 말해 보자.

"반드시 의미가 있을 거야."
"나는 지금 시험 받고 있어."

난관에 처했을 때 긍정적인 말을 입 밖으로 소리 내어 크게 말하면 힘이 생긴다. 신기하게도 이런 말들 뒤에는 부정적인 말이 이어지지 않는다.

많은 사람들은 예기치 못한 문제가 발생했을 때 자기도 모르게 부정적인 말을 내뱉는다.

"왜 이런 일이 내게 일어나는 거지?"

이렇게 말하면 곧 절망적인 말이 뒤따라온다.

"더 이상 버티지 못하겠어."

일이 뜻대로 진행되지 않는 경우에도 자기도 모르게 한탄을 하게 된다.

"뜻대로 되는 일이 하나도 없다니까……."

부정적인 말에는 절망적인 말이 따라오게 되어 있다.

"그래. 나는 운이 없는 사람이라니까……."

그럴 때 긍정의 말을 사용해 보자.

"반드시 의미가 있을 거야."

"나를 시험하는 거야."

이 말에는 '신비한 힘, 즉 감정을 변화시키는 효과'가 있다.

사람들은 어려운 상황에 직면하면 자기가 불행한 사람이라는 감정에 빠지게 된다. 그럴 때 "이번 일은 나를 시험하는 거야."라고 입 밖으로 소리 내어 표현하면 어떻게든 이 시험을 통과해야겠다는 에너지가 생긴다. 그리고 문제를 해결하겠다는 '희망적'인 감정을 가질 수 있다.

"반드시 의미가 있을 거야."라는 표현도 마찬가지다. 두 말 모두 현실적인 상황을 해결하고 다음 과정으로 진행하려는 발전적인 마음으로 바꾸어 주는 효과가 있다.

"나를 시험하는 거야."

→ 이 난관을 어떻게 돌파해야 할까? 무슨 방법이 있을까?

"반드시 의미가 있을 거야."

→ 좀 더 공부를 해야겠어. 방법을 바꿔야겠어.

이 두 가지 말 뒤에 부정적인 말은 어울리지 않는다. 그보다는 "이 상황을 어떻게 돌파해야 할까?"라는 긍정적이고 적극적인 말이 뒤따른다.

누구에게나 실패 없는 인생이 가장 좋을 것이다. 하지만 실패를 하거나 난관에 부닥뜨린다면 긍정의 말을 소리 내어 표현해보자. 그러면 반드시 희망의 빛이 보일 것이다.

입버릇 · 혼잣말도
힘이 된다

입버릇을 의식하자

"아, 그렇구나!"
"역시!"

불현듯 어떤 사실을 알게 되었을 때 불쑥 튀어나오는 입버릇이다.

어떤 사실을 깨닫는다는 것, 이른바 '깨달음'은 하나의 발견이다. 사람은 깨달음의 축적을 통해 성장한다.

'깨달음을 통해 스스로를 바꾼다', '문제를 해결할 수 있는 힌트는 깨달음에 있다'는 말은 깨달음의 중요성을 강조하는 것이다.

하지만 현실적으로 무엇인가를 깨닫는다는 것은 쉽지 않다. 새로운 발견이 그렇게 쉽게 이루어질 리 없다.

그럴 때 "아, 그렇구나!", "역시!" 등의 깨달음을 나타내는 말을 입버릇처럼 사용함으로써 깨달음을 습관화할 수 있다.

"아, 그렇구나!"

"역시……."

이 두 가지 말을 의도적으로 입 밖으로 표현하면 새로운 것을 발견한 듯한 기분을 느낄 수 있다. 그리고 그로 인해 사물에 대한 견해가 달라진다.

지금까지 별 관심 없이 보고 들어 왔던 정보에 대해 "아, 그렇구나!"라고 소리 내어 응답하는 순간 마치 새로운 정보인 양 신선하게 다가온다. 반복할수록 정보에 대한 감각이 예민해지고 그만큼 새로운 발견을 할 수 있는 기회가 늘어난다.

아울러 위의 두 말은 귀여운 느낌을 주므로 인간관계에서 친근감을 유도하는 효과도 발휘한다.

감정을 드러내는 혼잣말(입버릇)

무의식중에 중얼거리는 '혼잣말'도 그런 버릇 가운데 하나라고 할 수 있다.

입버릇이나 혼잣말에는 순간순간의 감정이 잘 반영되어 있다. 말하는 사람의 기분을 그대로 비추어 주는 '마음의 거울'이다. 따라서 자신의 입버릇과 혼잣말을 파악한다면 그 당시 자신이 가졌던 감정을 이해할 수 있다.

나의 입버릇 중에는 앞에서 예로 든 '역시……' 가 있다. 정확하게 말하면 '역시 그랬구나.'로, 이것은 적극적으로 일을 하고 도중에, 또는 두뇌가 빠르게 회전하고 있을 때 나타나는 버릇이다. 예상한 대로 일이 착착 진행될 때 기분이 경쾌해져서 나도 모르게 입 밖으로 튀어나오는 말인 셈이다.

그러면 기분이 가라앉아 있을 때에 불쑥 튀어나오는 말은 무엇일까. 바로 "오늘은 맛있는 것좀 먹으러 갈까?"라는 말이다.

이 말을 툭 던졌을 때 직원들은 거의 호응을 하지 않는가. 만일 어떤 직원이 그렇게 하자고 응답해 오더라도 내 입에서 즉시 "아니야, 그만두는 게 좋겠어. 식욕이 없어."라는 대답이 튀어나올 것이 뻔하기 때문이다.

대신 다음과 같은 반응을 보인다.

"무슨 일 있으세요?"

"일이 뜻대로 풀리지 않나요?"

한 사무실에서 함께 일해 오는 동안 기분에 따른 나의 입버릇을 잘 파악하고 있기에 걱정까지 해 주는 것이다.

‘역시…….’ 라는 말과 ‘오늘은 맛있는 것 좀…….’ 이라는 두 종류의 말을 통해 기분이 최고인가 최하인가를 단번에 알 수 있는 것이다.

입버릇을 효과적으로 사용할 수 있는 비결은 자기가 어떤 감정일 때 어떤 혼잣말을 하는지를 메모해서 정리하는 것이다. 스스로 확인하기 어렵다면 주변 사람들에게 물어보는 것도 좋다.

“기분 나쁠 때 나는 주로 어떤 표현을 하지?”

“기분 좋을 때 나는 주로 어떤 말을 사용하지?”

이런 식으로 가족이나 직장 동료에게 물어보자.

귀가하자마자 “신문은?” 하고 말했을 때는 기분이 나쁜 상태.

아침에 출근하면서 “오늘은 일찍 퇴근할 거야.” 라고 말한다면 기분이 좋은 상태.

이런 식으로 당신이 미처 깨닫지 못하는 입버릇이 몇 가지 있을 것이다.

자신이 어떤 경우에 어떤 말을 하는지 알게 되면, 스스로도 깨닫지 못하는 감정의 작용을 이해할 수 있다. 그리고 자신의 감정을 파악할 수 있으면 다른 사람에게 건네는 말에도 변화가 발생한다. 그 결과 당신의 감성 언어 능력은 부쩍 향상된다.

기분과 입버릇(혼잣말)의 예

기분	입버릇(혼잣말)	당신의 입버릇은?
좋을 때	야호! 기분 좋은데. 이제 충분히 쉬었어.	
나쁠 때	젠장. 이럴 리가 없어. 있을 수 없는 일이야.	
포기	포기했다. 이건 불가능해. 대체 왜 이런 식이야. 휴우~	
의욕	이까짓 것! 그렇구나. 한 번 해 볼까.	
긍정적	좋았어. 잘될 것 같은데. 해 보는 거야.	
부정적	이게 뭐야, 믿을 수 없어. 또야? 늘 이렇다니까.	
화가 났을 때	뭐야? 적당히 좀 하자. 정말 징그럽다.	

감정을 변화시키는 입버릇

맨 앞에서 소개한 "맛있겠다."처럼 입 밖으로 소리 내어 표현한 말은 감정을 변화키키는 힘을 가지고 있다. 단 한 마디에 지나지 않는 짧은 혼잣말에도 그러한 힘이 있다. 따라서 입버릇이나 혼잣말을 습관화하여 감정을 컨트롤하거나 기분을 전환할 수 있다.

감성지수가 높은 사람은 그때그때의 상황에 어울리는 감정을 자유자재로 만들어 내는 사람이기도 하다. 만약 지금 기분이 좋지 않다면 기분이 좋을 때 버릇처럼 사용하는 말을 소리 내어 표현하는 방법으로 감정을 변화시킬 수 있다.

간단히 설명하자면, 부정적인 기분일 때는 긍정적인 말을 사용하라는 것이다.

평소에 긍정적인 말을 자주 사용하지 않는 사람이라면, 노력을 통하여 긍정적인 입버릇을 갖출 수도 있다. 예를 들면 다음과 같은 말을 습관화하는 것이다.

"좋아, 해 보자!"

"나는 할 수 있어!"

"자, 가 보는 거야!"

그것만으로 평소의 감정을 양호한 상태로 유지하거나 무겁게 가라앉은 기분을 긍정적으로 전환시킬 수 있다.

"휴우, 오늘도 지겨운 하루가 시작되는구나."

아침마다 이런 말이 습관화된 사람이라면 그 말이 입 밖으로 나오려고 하는 순간 다음의 말을 크게 소리 내어 말해 본다.

"자, 오늘도 힘차게 달려 보자!"

이렇게 하면 예전과는 달리 적극적이고 긍정적인 기분으로 하루를 보낼 수 있을 것이다.

입버릇은 기분에 직접적으로 영향을 미치는 메시지다. 따라서 긍정적인 메시지를 반복해서 보내면 기분은 긍정적으로 바뀌고 매일매일을 활기차게 보낼 수 있다.

말의 습관 즉 입버릇을 바꾸는 효과는 절대적이라는 사실을 반드시 기억해 두자.

말이 제대로 전달되기를 바란다면
상대방의 감정부터 이해하라

의미의 정확한 전달 여부는 듣는 사람의 기분에 달려 있다

　지금까지는 말의 힘을 이해하기 위해 자기 자신에 대해 사용하는 말에 관해서 소개했다. 이제부터는 이 책의 목적인 '상대방의 마음에 다다르는 말'을 사용하는 방법에 대해 살펴보자.

　자신에게 건네는 말에 힘이 있듯이, 다른 사람에게 말을 건다는 것은 말의 에너지를 전하는 일이기도 하다.

　"자네의 발상은 정말 뛰어나."

　— 칭찬을 통해 의욕을 일깨워 준다.

　"앞으로 틀림없이 잘될 거야."

　— 낙담한 사람을 격려해 준다.

"괜찮아. 자네라면 할 수 있어!"

— 불안해 하는 사람을 안심시켜 준다.

이처럼 긍정적인 말이라면 상대방에게 많은 에너지를 보낼 수 있다. 반면에 상대방을 화나게 하고 의욕을 꺾거나 분노를 유발하는 불쾌한 말도 있다.

"대체 무슨 짓을 하고 있는 거야!"

"이런 것 하나 제대로 처리하지 못하나!"

그런데 같은 말을 하더라도 상대방의 기분에 따라 말이 전달되는 정도가 달라진다는 점을 알아야 한다. 대부분의 사람들은 이 점을 인식하지 못하고 있는데, '상대방의 기분'은 말을 할 때 매우 중요한 기준이 된다.

상대방이 당신의 말에 관심이 없다면 아무리 열심히 설명을 해도 그 말은 전달되지 않는다. 반면에, 상대방이 당신의 이야기를 듣고 싶다고, 당신에 대해 좀 더 알고 싶다고, 당신의 충고를 기꺼이 받아들이고 싶어 한다면 당신의 말은 직접적으로 상대방에게 전달된다.

또, 상대방이 당신에게 호감을 가지고 있다면 말은 전달되기 쉽지만, 반감을 가지고 있다면 그 말이 전달되기 어렵다. 따라서 상대방의 기분 즉 감정을 이해한 상태에서 정확하게 전달될 수 있는 말을 사용해야 한다.

그렇다면 구체적으로 어떻게 해야 좋을까?

다음의 방법을 보자.

📣 우선 말부터 건네고 본다

지금까지의 설명을 통해 말에 힘이 있다는 사실을 이해했을 것이다. 하지만 다른 사람에게 건네는 말에 힘이 실리도록 하려면 우선 상대방의 기분, 즉 감정을 이해하고 그 감정에 맞는 말을 사용해야 한다.

상대방이 어떤 원인에 의해 기분이 나빠져 있는 상태라면 당신의 말을 흘려듣거나 반발을 할 것이다. 경우에 따라서는 오해하는 경우도 생길 수 있다. 반면에 상대방이 기분이 좋은 상태라면 당신의 말은 쉽게 받아들여질 것이다. 즉 상대방의 기분에 맞는 말이라면 확실하게 전달될 것이다. 따라서 적절한 말을 건네려면 우선 상대방의 감정부터 이해해야 한다.

우리 주위를 불러보면, 별 것 아닌 말도 감동적으로 전하는 사람이 있다. 간단한 말 몇 마디로 상대방의 기분을 안정시켜 주는 사람이 있고, 의욕을 불러일으키는 사람도 있다.

이런 사람들은 상대방의 기분을 충분히 이해한 상태에서 어휘를 선택하여 말을 걸기 때문에 당대방의 마음에 닿는 것이다.

상대방의 기분을 알아 보려면 먼저 말을 걸어보는 것이 좋다. 내가 건넨 말에 돌아오는 반응을 통해서 상대방이 지금 어떤 기분인지, 왜 그런 기분이 되었는지를 알 수 있기 때문이다.

어떤 식으로 말을 걸어야 좋을지 모르겠다고 고개를 젓는 사람도 있을 수 있다. 하지만 안심하자. 그것은 그리 어려운 일이 아니다.

다음 장에서는 상대방의 기분을 이해하기 위해 말을 거는 법을 소개하고자 한다. 상대방의 기분을 이해하고 마음을 열기 위해 말을 거는 방법, 대화를 나누는 방법을 구체적으로 알아보자. 말을 거는 행위에는 단순히 이야기를 하는 것 이상의 효과가 있으니 실천해 보기 바란다.

> 잡담은 정보의
> 보물창고

나는 잡담을 좋아한다. 자연스러운 분위기 속에서 주고받는 잡담은 정보의 보물창고라고 해도 과언이 아니다.

잡담은 회의나 미팅보다 훨씬 더 편한 상태에서 이야기를 나눌 수 있으므로 기분을 솔직하게 표현할 수 있어서 대화도 활기를 띤다.

"매상이 오르지 않습니다."

"고객이 화를 내고 있습니다."

"교섭이 제대로 이루어지지 않습니다."

이런 식으로, 사무적인 분위기에서는 말하기 어려운 마이너스 정보도 잡담을 할 때는 편하게 이야기할 수 있다.

또한 잡담에 귀중한 정보가 들어 있거나, 회사에서 해결해야 할 문제점을 발견하게 되는 경우도 있다. 아울러 잡담은 정보를 공유할 수 있는 절호의 기회이기도 하다.

"오늘, 고객에게 이런 질문을 받았는데……."

이처럼 가까운 직원들끼리 대화를 나누는 도중에 고객에 관한 정보를 공유할 수 있다. 각 고객의 진짜 정보를 주고받을 수 있으므로 '살아 있는' 시장 정보를 공유하게 되는 것이다.

귀중한 정보, 이익이 되는 정보라면 사무실 안에서 큰 소리로 이야기하는 것이 포인트다. 이렇게 하면 일을 하면서도 귀는 열려 있기 때문에 굳이 회의를 하지 않아도 정보를 공유할 수 있다.

**서서 대화하면
친밀감이 싹튼다**

보다 친밀감 있게 대화를 나누고 싶을 때는 서서 이야기를 나누는 것이 좋다.

서 있는 상태에서는 두 사람의 거리가 매우 가까워진다. 그리고 서서 이야기를 나누면 상대방을 정면으로 바라보는 것이 아니라 비스듬히 게 자연스러운 자세를 갖추게 되어 상대적인 반발 심리가 훨씬 줄어든다.

이렇게 가까워진 거리나 위치 관계는 서로의 마음을 열어 주는 효과도 있다.

비스듬히 선 채로, "그 문제, 어떻게 됐어?"라고 말을 걸면 "뜻대로 진행되지 않는데요.", "나름대로 잘 진행되고 있습니다.", "사실은……." 하는 식으로 자연스럽게 대화가 진행된다.

또한 서 있는 상태에서는 대화를 길게 하기 어렵기 때문에 요점만 간단히 주고받을 수 있다. 특히 어디서든 어떤 화제라도 자유롭게 나눌 수 있다는 것이 무엇보다 큰 장점이다. 회사에서는 휴식 시간을 이용하여 선 채로 이야기를 나누는 경우가 많은데, 그것은 심리적 · 물리적 거리를 줄이는 효과가 크다.

부드러운 말로 상대방을 설득할 수 없는 사람은
위엄 있는 말로도 설득할 수 없다.

— 안톤 체호프

제1장

나와 주위 사람을 변화시키는 '말 걸기'의 마술

처음에는 괜히 어렵게만 느껴지던 사람이 몇 번 만나면서 친근하게 느껴지기 시작한다. 호감이 생기고 신뢰감까지 느껴진다. 이런 경험을 해 본 사람은 많이 있을 것이다.

이것을 심리학에서는 '단순 접촉의 원리'라고 부른다.

어떤 태도로 상대방을 대하는가, 어떤 말을 나누는가, 어떤 일을 함께 하는가 하는 문제와는 전혀 상관없이 단순히 얼굴을 마주치는 횟수가 증가하는 것만으로 친근감이나 호감이 생기는 것이다.

사람의 마음은 의외로 단순한 측면이 있다.

말을 거는 것도 이와 비슷하다. 몇 번을 거듭하여 말을 걸면 상대방은 당신에게 친근감이나 호감을 가지게 된다. 말의 내용이나 대화 유무는 관계가 없다. 말을 거는 것만으로 충분하다.

말을 거는 것은 단순히 얼굴을 마주치는 것과 비교할 때, '접촉'의 강도가 훨씬 더 강하다. 말을 거는 행위에는 '나는 당신을 의식하고 있다. 당신과 가까워지고 싶다'는 메시지가 깔려 있기 때문이다. 이 메시지는 특별히 의식하지 않더라도 상대방에게 전달된다.

어떤 말이라도 상관없다. 우선 말부터 걸고 보자.

| 상대방의 기분부터 이해하라 |

"어떤 말이라도 상관없다. 우선 말부터 걸어라."

이 말을 듣고 당신은 어떤 생각을 했는가? 간단한 일이라고 생각했을 수도 있고, 쉽지 않은 일이라고 생각했을 수도 있다.

지금까지 필자가 경험한 바로는 후자에 해당하는 사람이 압도적으로 많다. 그 이유는 어떤 말을 걸어야 좋을지 모르겠다는 불안감이 존재하기 때문이다. 즉 말을 걸 수 있는 화제(話題)가 적어서 고민하는 것이다.

한 발 나아가 다음과 같은 불안감도 작용할 수 있다.

'말을 걸었다가 더 이상 진전이 되지 않는다면……'

'대화가 즐겁게 진행되지 않는다면……'

'상대방이 흥미를 느낄 수 있는 재미있는 이야기를 끌어내지 못한다면……'

만일 그렇다면 말을 거는 목적에 대해 좀 더 단순하게 생각해 보자.

'상대방이 어떤 기분인지 알기 위해.'

오직 이 목적만을 위해서 말을 건다고 생각해 보는 것이다.

말을 걸면 상대방은 어떤 식으로든 반응을 보인다. 미소를 지어 보일 수도 있고, 불쾌한 표정을 지어 보일 수도 있다. 밝고 명랑한 대답이 돌아올 수도 있고 시큰둥한 반응이 돌아올 수도 있다. 그런 반응들은 모두 상대방의 감정을 나타내는 정보(감정 정보)다. 따라서 그 반응을 통해 상대방의 감정을 알 수 있다.

말을 건다는 것은 연못에 돌을 던지는 것과 같다. 돌을 던지면 수면에 어떤 파문이 일까? 일단 알고 싶은 것은 그 파문, 즉 '상대방의 감정'이다. 따라서 굳이 대화가 진행되어야 한다는 부담을 가질 이유가 없고, 대화 내용에도 신경을 쓸 필요가 없다.

예를 들어 동료나 부하 직원에게 "오늘 넥타이 멋진데."라고 말을 걸었다고 하자. 그때 상대방이 어떤 반응을 보이는가? 표정은, 답변은, 그리고 반응에는 어떤 감정이 나타나 있는가. 알고 싶은 것은 그뿐이다. 대화가 더 이상 진행되지 않는다고 해도 상대방의 반응을 통해 현재의 기분을 알 수 있다는 것만으로도 수확은 크다. 말을 걸지 않았다면 그것조차 알 수 없었을 테니 말이다.

늘 같은 반응이 돌아온다고 해도 반복적으로 말을 거는 과정에서 그때그때의 차이를 간파할 수 있다.

여기서 중요한 점은, 내용은 어떤 것이든 상관이 없으니 일단 말을 걸어 보아야 한다는 것이다. 그런 반복을 통해 당신에 대한 친근감이나 호감이 발생할 가능성이 있다.

그래도 여전히 어떤 식으로 말을 걸어야 좋을지 모르겠다는 사람은, 가볍게 건넬 수 있는 말의 표현법 개발에 힘쓸 필요가 있다.

상대방의 기분을 파악하기 위해 간단히 사용할 수 있는 말들

기본1　"안녕!", "안녕ㅎ-세요, 오늘 날씨 좋은데요."

기본2　"요즘 어떻게 지내세요?", "잘 지내시지요?"

기본3　"활기가 넘쳐 보이는데요.", "좋은 일 있나 봅니다."

기본4　"언제 봐도 멋쟁이시네요.", "오늘 넥타이, 잘 어울리는데요."

기본5　"기분 좋으신 것 같네요. 좋은 일 있으세요?"

말을 걸 때 사용하는 말은 매우 다양하다

말을 걸 때 사용하는 말은 종류가 다양하다.

자기가 상대방에게 어떤 말을 걸고 있는지, 다른 사람은 어떤 말을 사용하는지, 주위에는 어떤 말이 자주 오가는지 의식적으로 관찰해 보자.

가장 많은 것은, "○○씨!", "이봐요!" 하는 식으로 상대방을 부르거나 "안녕하세요?" 하는 인사말이다. 이런 말은 자연스럽게 건넬 수 있는 간단한 말에 해당한다.

"요즘 어떻게 지내?"

"자네는 언제 봐도 활기가 넘치는군."

이처럼 질문을 던지거나 가볍게 호감을 드러내는 말도 있다. 또, 의미는 같아도 정중한 말투와 약간의 농담이 섞인 친근한 말투가 있다. "요즘도 건강하게 잘 지내시지요?"와, "어떠세요? 요즘 꽤 좋아 보이는데요?"의 차이 정도로 볼 수 있다.

이처럼 상대방과 주위의 상황을 고려하여 적절한 말을 선택함으로써 상대방과의 심리적인 거리를 효과적으로 단축할 수 있다. 아울러 자신만의 독창적인 말, 자신의 캐릭터에 어울리는 말을 개발하면 말을 걸 때의 효과는 훨씬 강력해진다.

누구에게나 익숙한 '인사'로 말을 시작한다

아이들은 돌이 갓 지날 무렵부터 세 살 정도가 되면 말을 하기 시작한다. 또렷하지 않은 발음이지만 "안녕하세요?"라는 인사도 할 수 있게 된다. 그리고 그 이후로 매우 많은 인사말을 배우면서 성장한다. 인사말은 그만큼 귀와 입에 익숙하기 때문에 거부감 없이 사용할 수 있다. 따라서 말을 거는 데 어려움을 느끼는 사람이라면 인사말로 말을 거는 것부터 시작해 보자.

'인사말은 늘 하는 건데 뭐 굳이……' 하고 생각할 수도 있다. 하지만 냉정하게 생각해 보면 평소에는 인사말을 무의식중에 기계적으로 하고 있었음을 알 수 있을 것이다. 그러므로 앞으로는 '상대방에게 말을 거는 것'이라는 의식을 가지고 인사를 해 보자. 그렇게 되면 자연스럽게 상대방의 눈을 바라보고 또렷한 발음으로 인사를 하게 된다.

의식을 갖고 인사를 건네게 되면 단순한 인사말이라도 상대방에게 말하는 이의 마음이 그대로 전달된다. 상대방에게 작용하는 수준이 달라지는 것이다. 이때 인사말 앞에 상대방의 이름을 붙여 주면 더욱 효과적이다.

— ○○씨, 안녕하세요!
— ○○씨, 좋은 아침이에요!

단지 이름 몇 자 추가했을 뿐인데도 상대방의 마음에 전달되는 힘은 훨씬 강해진다. 단순한 인사라고 해도 그 마음이 상대방에게 전달되면 상대방의 반응에도 변화가 발생한다. 상대방의 마음은 당신에게로 향하고, 마음의 문이 열리기 시작한다. 그만큼 감정 정보도 쉽게 얻을 수 있다.

📢 근황부터 물어본다

"요즘 잘 지내시지요?"라는 말은 이메일이나 편지에 흔히 사용되는 문구다. 그만큼 익숙하기 때문에 거부감이 없고, '나는 당신에게 관심이 있다. 당신에게 신경을 쓰고 있다'는 메시지를 전할 수 있으므로 단순한 인사말보다 한 걸음 진보했다고 할 수 있다. 따라서 상대방에게서 돌아오는 반응도 다양해지고 내용이 있는 감정 정보를 얻을 수 있다.

"요즘 어때?"
"요즘 활기가 넘쳐 보이는데."
"요즘 무슨 좋은 일 있어?"

이런 식으로 말을 걸면 대부분 자연스러운 대답이 돌아온다.

"그런대로 잘 지내고 있습니다."
"최선을 다하고 있습니다."

"글쎄요. 이것저것 힘드네요."

그럴 때 말을 건넨 쪽에서 "그래?", "그거 다행이군." 하고 짧게 대응할 경우 대화는 바로 끝나 버릴 수도 있다. 그래도 좋다. 상대방의 목소리나 표정으로 감정 상태를 알아보려는 것이니까.
인사말을 건넬 때 구체적인 질문 내용을 포함시켜 보자.

"요즘 활약이 꽤 두드러진 것 같은데?"
"요즘 갑자기 활력이 느껴져."
"요즘 무슨 좋은 일 있는 것 같아."
"요즘 실적이 좋다면서?"

이처럼 변화를 주면 보다 많은 감정 정보를 얻을 수 있다. 상대방의 대답도 다양해지기 때문에 대화가 전개되기 쉽다는 것도 장점이다. '요즘'을 '오늘은'이나 '오늘도'라는 식으로 범위를 축소시키면 다양성이 훨씬 풍부해진다.

인상을 적극적으로 칭찬한다

남에게 칭찬을 받으면 누구나 기분이 좋아진다. '다른 사람에게 인정을 받고 싶다'는 욕구(인정 욕구)가 충족되기 때문이다.

'칭찬'은 대부분 저항감 없이 받아들여지는 것이므로 상대방에게 말을 건넬 때 편하게 사용할 수 있다. 굳이 '칭찬'이라고 해서 어렵게 생각할 필요는 없다.

"활력이 느껴져."
"의욕이 넘치는 것 같아."
"컨디션이 참 좋아 보이는걸."
"얼굴이 정말 밝아졌어."

이런 식으로 상대방의 좋은 인상을 있는 그대로 전하면 된다. 표현이 짧아도 상관없다. 그 앞에 '늘', '오늘도'라는 말을 덧붙이면 뉘앙스는 더욱 강렬해진다.

칭찬을 받는 순간 느끼는 좋은 기분은 일부러 의식하지 않았어도 오래도록 기억에 남는다. 그리고 그런 칭찬이 몇 번 거듭되면 칭찬을 해 준 사람과의 거리는 엄청나게 가까워진다. 단 한마디로 엄청난 효과를 기대할 수 있는 것, 그것이 바로 칭찬이다. 사용하면 할수록 에너지가 커질 것이다.

제5장에 상대방의 마음에 닿는 칭찬을 소개해 놓았다. 적극적으로 활용하자.

직접적인 질문으로
상대방의 감정을 파악한다

상대방의 기분은?　"오늘 기분은 어떤 색깔입니까?"

"지금 어떤 기분입니까?"

인상을 있는 그대로　"행복한 향기가 풍기는데. 좋은 일 있어?"

"오늘 기분은 어떤 색깔입니까?"

그날의 색깔을 물어봄으로써 상대의 기분을 파악할 수 있다.

언젠가 출장을 간 회사 직원이 휴대전화 문자 메시지를 보낸 일이 있다.

안녕하세요. T입니다. 오늘 기분은 어떤 색깔이십니까?

저는 옅 ~ 은 파란색입니다.

K씨가 전화를 부탁하네요.

가능한 한 빨리 전화해 주십시오.

즉시 답장을 보냈다.

알겠습니다! 그런데 옅은 파란색은 어떤 기분이지요?

물론 좋기를 바랍니다만.

사실 K씨가 전화를 부탁한다는 내용에만 신경이 쓰여서 '기분은 어떤 색깔?'이냐는 질문의 의도를 파악할 수 없었다.

잠시 후 답장이 들어왔다.

네. 제 기분은 안정된 상태라는 뜻입니다.

덧붙이자면 K씨의 기분은 크림색입니다.(레어지요)(^^)

그럼 전화 부탁드립니다."

K씨는 T의 상사로, 함께 출장을 간 사람이다. 나는 '레어(rare)'라는 말에 웃음을 터뜨렸다. 그리고 나도 모르게 고개를 끄덕였다. '레어'는 '설익은 비프스테이크'라는 의미로, 언제나 인상을 쓰고 다니는 K씨의 얼굴이 떠올랐기 때문이다.

T는 '오늘의 색깔'로 현재의 기분과 감정을 표현하고 있었던 것이다.

'그래. T가 내 기분을 물어보는구나.'

그렇게 생각한 나는 T에게 다시 문자를 보냈다.

제 기분은 황토색입니다.

무더운 날씨에다 복잡하기 이를 데 없는 교통, 땀에 젖은 셔츠를 걸치고 이리저리 뛰어다녀야 하는 상황에서는 고객고의 상담도 짜증이 났고, 컨디션 역시 완전히 가라앉아 있었기 때문이다. 그래서 언뜻 떠오른 색이 황토색이었다. 그러자 여기서부터 '말 걸기'의 마술이 펼쳐졌다.

T의 답장.

그럼 조금 있으면 황금색이 되겠네요.

답장을 받고 감탄하지 않을 수 없었다. 참으로 멋진 표현이었기 때문이다. 문자를 보자마자 에너지가 솟구쳤다.

문자를 받기 전까지만 해도 불쾌한 기분은 전혀 황금색으로 변할 상황이 아니었다. 하지만 문자를 보는 순간 '조금간 더 노력하면 황금색으로 바뀔 수 있다.'는 긍정적인 생각이 들었다.

‘오늘은 무슨 색이죠?’ 하고 물어보는 것도 ‘말 걸기’에 사용할 수 있는 멋진 표현이다. 돌아오는 대답을 통해 단번에 감정이 바뀔 수도 있다.

두 사람 또는 그 이상의 사람이 모여 어떤 일을 진행할 때, 일이 착착 진행되면 ‘호흡이 잘 맞는다’는 표현을 쓴다.

오랫동안 함께 살아온 부부의 경우 ‘그것’, ‘저것’, ‘그곳’ 등 한 마디의 지시어로도 상대방의 마음 또는 원하는 것을 정확하게 알아차리는 것을 보게 된다.

이처럼 ‘호흡이 일치하는’ 관계를 만들기 위해서는 상대방의 기분을 파악하는 것이 전제 조건이 된다. 감정의 정보를 얻을 수 있는 방법의 하나로, 귀에 익숙하여 자연스럽게 건넬 수 있는 말들을 소개했다.

그런데 보다 간편한 방법이 있다. 바로 상대방에게 지금 기분이 어떤지를 직접 물어보는 것이다.

“지금 기분은 어떤지 궁금합니다.”

이렇게 직접적인 질문은 ‘호흡이 맞는다’는 의미와는 상반되지만 그 효과는 예상 밖으로 크다. 이런 질문을 받는 경우가 드물기 때문이다.

방법은 간단하다. 상대방에게 단도직입적으로 "지금 기분이 어떻습니까?"라고 말을 거는 것이다. 경우에 따라, "실례지만……", "사적인 질문입니다만," 하는 식으로 양해를 구하면 무례하다는 인상이 엷어진다. 상대방이 기분 나쁘게 받아들이지 않을까 하고 걱정하는 사람도 있겠지만, 대부분 뜻밖일 정도로 솔직하게 자신의 감정을 이야기 해 준다.

자신을 다른 사람에게 솔직하게 드러내는 것을 심리학에서는 '자기 개시(自己開示, self-disclosure)'라고 한다.

자기 개시는 신뢰하는 사람에게 하는 것이지만, 한편으로는 자기 제시를 받아들여 준 상대방에게 친근감과 신뢰감을 가지게 되는 장점도 크다. 즉 "지금 기분이 어떻습니까?"라는 질문을 던지면 상대방은 당신에게 친근감을 느끼게 된다는 의미다. 동시에 상대방이 그 질문에 대해 솔직하게 대답을 해 주면 당신도 상대방에 대해 '하기 어려운 말을 해 주는 사람'이라는 생각을 하게 되고 친밀감이 늘어난다.

"지금 기분이 어떻습니까?" 이 간단한 말에는 그런 효용이 있다. 만약 직접적으로 질문을 던지기 어렵다면 감정과 관련이 있는 어휘를 이용하여 말을 걸어 본다.

"왠지 들떠 있는 것처럼 보이는군요."

“웃는 얼굴이 정말 잘 어울립니다. 무슨 기분 좋은 일이라도 있습니까?”

“행복의 향기가 술술 풍기는데요. 무슨 일입니까?”

“화가 난 것 같은데……, 아닌가요?”

이 질문에 “아니요. 그렇지 않습니다.”라는 대답이 돌아온다면, “실례했습니다. 제가 잘못 보았군요.” 하고 사과하면 된다. 상대방이 어떤 감정에 처해 있는지 알았으니 성공한 것이다.

상대방의 말을 진지하게 받아들인다

상대가 자신의 감정을 솔직하게 표현했을 때는 그의 말을 진지하게 받아들여야 한다. 자기 개시 형태의 말을 하려면 본인이 의식을 하든 하지 않든 ‘결심’하는 과정이 필요하다. 그런 마음가짐으로 대답했는데 그 말을 가볍게 흘려듣는다면 신뢰감은커녕 반발과 혐오감을 초래할 것이다.

“지금 기분이 어떻습니까?”라는 질문에, “매우 좋습니다.”, “하늘을 나는 기분이에요.”, “의욕이 넘칩니다.” 등의 긍정적인 대답이 돌아온다면 진심으로 기뻐해 주자.

“그래요. 다행이군요.”

"저까지 덩달아 기분이 좋아지는군요."

"제게도 그 좋은 기분 좀 나누어 주십시오."

이렇게 대응하면 당신 자신도 기분이 좋아질 뿐만 아니라 상대방은 더더욱 기분이 더욱 좋아진다.

말에는 이러한 상호 작용과 상승 효과가 있다.(대답하는 말의 효과와 사용법에 관해서는 제4장에서 설명하기로 한다.) 이런 말을 주고받을 수 있다면 그 말을 하는 당사자뿐 아니라 주변 분위기까지 밝아진다.

반대로 "피곤합니다.", '기분이 좋지 않습니다."라는 대답이 돌아온다면, 상대방에게 휴식이나 안정을 취할 것을 권유하면 된다.

부정적인 대답이 돌아오거나 어두운 감정이 느껴질 때 그 이유를 물어보는 것도 상대방의 기분을 이해하고 호감을 얻는 데 도움이 된다.

마음을 여는 접근법

> 계절과 자연의 변화 "벚꽃이 활짝 피었던데요."
>
> 뉴스거리 "요즘 인기 있는 영화 ○○○를 보셨습니까?"
>
> 주변에서 일어나는 일 "○○백화점에서 바겐세일을 한다더군요."

계절이나 자연과 관련된 화제를 찾는다

비즈니스 상담을 하기 위해 어떤 회사를 처음 방문하게 되었다고 하자.

응접실에서 담당자를 만나 형식적인 인사를 끝낸 뒤, 본격적인 상담에 들어가기 전에 다음과 같은 말을 걸어 본다.

"좀전에 버스를 타고 오다 보니 벚꽃이 활짝 피었더군요."

벚꽃은 비즈니스 상담과 아무 관련이 없다. 하지만 상대방이 "네. 그러고 보니 이 근처에도 벚꽃을 구경할 수 있는 장소가 있군요."라는 식으로 대응해 온다면, 비즈니스와 관련된 어색한 대화에서 벗어날 수 있고 분위기도 밝고 편해진다. 따라서 서로에 대한 긴장이 풀리고 상대방의 마음도 열리게 된다.

마음이 열리면 상담이 슨조롭게 진행될 가능성이 높아진다. 당신의 말이 상대방의 마음에 가 닿았기 때문이다.

계절의 변화, 자연의 순환은 누구에게나 똑같이 찾아온다. 따라서 화제로 삼기 쉽고 누구나 편하게 받아들일 수 있는 화제가 된다.

자연스러운 화젯거리는 사람의 마음을 부드럽게 만드는 효과가 있다.

- 꽃, 나무와 관련이 있는 화제 — "개나리와 진달래가 수를 놓는 계절이 되었습니다.", "요즘 단풍이 한창이던데, 단풍 구경 좀 다녀오셨습니까?"
- 음식과 관련이 있는 화제 — "기초 체력을 다지는 데는 민물장어가 좋답니다.", "요즘 죽순이 제 맛이더군요."
- 날씨와 관련이 있는 화제 — "장마철은 정말 여러 모로 불편합니다.", "산들바람이 꽤나 감미롭습니다."
- 우주와 관련이 있는 화제 — "어젯밤에는 보름달이었는데,

보셨습니까?", "겨울밤에는 별이 정말 카랑카랑하게 잘 보입니다. 그렇지요?"

- 행사와 관련이 있는 화제 — "드디어 해수욕장이 개장했답니다.", "오늘이 단오군요. 혹시 청포물에 머리 감아 보신 적 있으세요?"

평소에 자연에 관심을 가지고 계절의 변화를 눈여겨보는 습관을 가지면 다양하면서도 자연스런 화제를 개발하는 것이 어렵지 않다.

🔊 뉴스나 소문은 유용한 이야깃거리

실시간으로 매스컴에 거론되는 이야기, 그 당시에 인기를 얻고 있는 인물이나 영화 등 널리 알려진 이야기도 화제로 삼기에 매우 효과적이다.

예를 들어, 문화계나 연예계의 이야기를 화제로 삼는다면 다음과 같은 식으로 말을 걸 수 있다.

"요즘 인기 있는 영화 ○○○를 보셨습니까?"

"외국의 유명배우 ○○○가 어제 백만장자와 결혼했다더군요. 그녀가 그렇게 지적이라면서요?"

상대방이 남성이라면 스포츠계의 뉴스거리도 거부감 없이 화제로 삼을 수 있다. 단, 지나치게 깊이 있는 화제는 삼가는 것이 좋다. 열렬한 팬이나 알 수 있을 것 같은 전문적인 화제, 특수한 화제는 피해야 한다. 텔레비전 뉴스나 버라이어티 프로그램에서 흔히 다루어지는 수준의 내용이 적당하다.

상대방이 어떤 분야에 관심이 있는지 알고 있다면 보다 효과적인 이야기를 나눌 수 있다.

남성과 여성은 기본적으로 성향이 다르고, 관심 분야 또한 다르다는 점도 배려해야 한다. 또한 아무리 일반적인 화제라고 해도 정치나 종교와 관련된 이야기는 피하는 것이 좋다. 서로의 성향이나 관점이 다를 경우, 오히려 오해를 불러일으킬 수 있기 때문이다.

🔊 주변과 관련 있는 화제는 반드시 흥미를 끈다

"이 근처에 햄버거 전문점이 새로 문을 열었던데 가 보셨습니까?"

"○○백화점에서 바겐세일을 한다더군요."

"건너편 빌딩 지하에 꽤 괜찮은 호프집이 문을 열었답니다."

"옆 건물에 새로 오픈한 도시락 전문점은 맛이 어떤지 모르겠습니다."

뉴스나 소문처럼 주변과 관련이 있는 사건이나 변화를 화제로 삼아 말을 건넨다. 큰 의미는 없지만 그 내용이 문제가 아니라 자연스럽게 대화를 나눌 수 있는 계기를 만드는 것, 일단 먼저 말을 건네는 것이 중요하다.

내 경험에 비추어 보자면, 여성은 바겐세일 같은 정보에 민감한 흥미를 보인다. 아마 쇼핑을 좋아하기 때문일 것이다.

술과 관련이 있는 화제라면 남성에게 어울린다.

어쨌든 상대방과 공유할 수 있는 범위에 포함되어 있는 화제가 중심을 이루어야 한다.

주위 사람들이 잘 모를 수도 있는 최신 정보를 제공하거나, 상대방의 흥미나 관심에 맞는 화제를 꺼내면 대화는 자연스럽게 활기를 띤다.

> **음식의 맛을
> 음미하면서 심리적
> 감도를 높인다**

사무실에서의 점심 시간. 컴퓨터 화면을 보면서 편의점에서 구입해 온 도시락과 빵으로 끼니를 때우며 작업을 하고 있는 직원…….

흔히 볼 수 있는 광경이다. 그런데 인간의 식사는 동물의 단순한 '먹이'와는 다르다. 나는 그런 직원에게 자연스럽게 다가가 말을 건넨다.

"식사를 할 때는 먹는 데에 집중하는 게 좋아. 맛을 음미하면서 먹지 않으면 힘들게 만든 사람에게 실례가 되지 않을까?"

식사 시간은 여유를 즐기는 시간이다. 눈으로 보는 즐거움, 혀로 느끼는 맛, 식욕이 충족되는 만족감, 맛있는 음식을 먹을 때의 충실감……. 음식을 최대한 즐기면 행복을 느낄 수 있다.

식사를 최대한 즐기는 행위는 감성을 풍요롭게 하고 심리적 감도를 높여 줄 뿐 아니라 감성을 단련하는 데에도 도움이 된다.

> **음식의 '맛'을
> 말로 표현한다**

음식을 먹을 때는 그 맛을 말로 표현해 보자.

혼자 식사를 하고 있을 때는 머릿속으로,

다른 사람과 함께 식사를 할 경우에는 자신이 느끼는 맛을 입 밖으로 표현하는 것이다.

텔레비전의 여행 프로그램이나 음식 프로그램에서 흔히 볼 수 있듯이 "맛있어요.", "부드러워요.", "달콤해요."라는 식의 표현으로는 부족하다.

'맛이 있다.'는 표현에도 여러 가지가 있다.

육즙이 달콤하다, 코끝을 간질이는 향기가 풍긴다, 담백하다, 시원하다, 독특한 풍미가 있다, 톡 쏘는 향이 있다, 저절로 군침이 돈다, 혀끝에 느껴지는 감칠맛이 있다…….

이런 식으로 느껴지는 맛을 최대한 정확하게 표현해 보자. 자신이 느끼는 맛을 제대로 표현하려고 노력하다 보면 맛에 대해 자연스럽게 민감해진다.

한편 '맛이 있다.'에 관한 자기만의 표현법을 개발하는 것도 좋은 방법이다.

'천국의 과일 맛', '그 무엇과도 비교할 수 없는' 등의 수식어를 붙이거나 '참치의 뱃살 같은'(열대 지방의 과일 아보카도를 먹으면서), '닭고기 같은'(곤약을 먹으면서) 등 다양한 예를 연구해 두면 도움이 된다.

이것은 식사를 즐기면서 감성과 언어를 풍요롭게 만들어주는 '맛'에 관한 감성 훈련법이다.

제2장

상대의 마음을 열 수 있는 말을 건넨다

마음을 열려면 상대방의 감정을 간파하고 그 감정에 맞는 말을 거는 것이 기본이지만 일부러 그 기본에서 벗어나는 방법도 있다.

상대방이 어떤 상황인지, 어떤 기분인지 전혀 고려하지 않은 상태에서 말을 거는 것이다. 이때의 포인트는 '긍정적인 말'이다.

"오늘은 틀림없이 좋은 일이 있을 것입니다."

"오늘도 행복한 하루가 될 거예요."

"오늘도 순조롭게 하루를 마칠 겁니다."

어떤 말이든 상관없다. 이처럼 긍정적인 말, 밝은 말을 걸면 된다.

자신의 기분과는 관계가 없더라도 긍정적인 말을 듣고 기분이 나빠지는 사람은 없다. 오히려 가라앉아 있던 기분이 그 말 때문에 밝아지는 경우가 더 많다. 말에는 그런 힘이 존재한다.

"그걸 어떻게 알 수 있습니까?"

"오늘은 그렇게 순조롭게 풀릴 상황이 아닙니다."

이런 식으로 반발한다면 자신 있게 한 마디 덧붙인다.

"걱정하지 마십시오. 제가 운이 좋거든요!"

긍정적인 말은 상대방을 격려하는 결과도 낳는다. 발전적인 말을 걸 때에는 상대방의 마음은 크게 고려하지 않아도 된다. 단, 상대방의 기분에 희망이 싹틀 수 있는 말을 건네야 한다.

| 의표를 찌르는 말을 걸어 본다 |

일부러 약간 모자란 듯한 연기를 해서 상대방의 생각을 이끌어 내는 방법도 있다.

계절에 맞지 않는 말, 상식에서 벗어난 말 등, 분명히 잘못된 화제, 그 잘못을 즉시 간파할 수 있는 화제를 중심으로 말을 거는 방법이다. 예를 들면 다음과 같다.

- 한겨울에 — "한겨울에는 뭐니뭐니해도 삼계탕을 먹어야 기운이 나지요."
- 지방으로 출장을 가는 사람에게 — "홍천으로 출장을 간다고요? 아, 경기도는 그렇게 멀지 않으니까.", "부산에 가면 연락선을 한번 타 보십시오. 연락선은 애수가 느껴져서 정말 좋지요."

이 말을 듣고 사실과 다르다는 점을 깨달은 상대방은 대화를 나누고 싶은 생각이 없었어도 자기도 모르게 그 부분을 지적한다. 바로 이런 점이 잘못을 즉시 간파할 수 있는 화제를 중심으로 말을 걸 때의 장점이다.

앞에서 소개한 예라면, 상대방은 다음과 같이 잘못된 부분을 지적할 것이다.

"삼계탕은 원래 한여름에 먹는 것이 제맛이지요."

"홍천은 경기도가 아니라 강원도에 속해 있답니다."

"부산에서 연락선이요? 연락선은 이미 없어졌습니다. 하하하."

그럴 경우, "아, 그런가요? 착각했습니다.", "그렇군요. 이런……. 배를 타 본 지 오래 되어서……."라는 식으로 대답을 하고 미소를 지어 보이거나, "연락선이 없어졌다고요? 언제요?"라는 식으로 대화를 더 전개할 수도 있다.

쉽게 오류를 발견할 수 있는 표현인데도 상대방이 무시한다면, 그것은 당신에게 마음을 열려 하지 않는다거나, 현 상태에서 마음의 여유가 없다는 의미임을 알 수 있다.

정감과 유머가 있는 말로
상대방의 긴장을 풀어 준다

고어(옛말) "개밥바라기(금성)가 서쪽하늘에서 빛나고 있네요."

사투리 "욕봤네."

의성어·의태어 "찰랑찰랑거리는 귀걸이가 아름답군요."

유아어 "빵빵 타고 가는데 야옹이가 달려들지 뭐예요."

활기찬 사람에게 "자네는 역시 사내 대장부야!"

마음이 저절로 열리는 부드러운 말

우리는 복잡한 현대 사회에서 일과 인간관계로 인해 항상 긴장하면서 생활하고 있다. 극심한 스트레스를 계속 받은 탓에 몸과 마음의 부조(不調)를 호소하는 사람이 늘고 있다. 따라서 '안정'이 매우 중요하다.

안정을 취하면 스트레스나 긴장이 해소되거나 줄어들기 때문에 마음이 느긋해진다. 심리적인 안정은 몸에도 좋은 영향을 끼쳐서 혈압 저하·피로 회복·면역력 향상·숙면 등의 효과를 불러온다는 것이 과학적으로도 증명되었다.

그런데 안정을 찾는 일은 쉽지가 않다. 스스로 안정을 찾아야겠다고 결심한다고 해서 긴장이나 스트레스가 해소되는 것이 아니다. 그래서 호흡법이나 기공, 아로마테라피 등 다양한 방법이 쏟아져 나오는 것이다.

말은 긴장이나 스트레스를 해소하고 안정감 있는 상태를 만드는 데에 효과가 있다. 말을 이용한 긴장 완화는 돈도 들지 않으면서 간단하게 효과를 얻을 수 있다.

그러면 자신은 물론 주변 사람들의 긴장을 완화시키며 마음의 여유를 가질 수 있는 말에는 어떤 것이 있을까.

정치가의 비서로 일하고 있는 한 여성은 업무로 인한 스트레스를 다음처럼 푼다고 한다.

"업무에 지쳐 기진맥진할 때, 보스가 자리를 비운 책상을 향해 손가락으로 아래 눈꺼풀을 누르고 혀를 쑥 내밀면서 '메롱!' 하고 장난을 칩니다. 그러면 속이 시원해지죠."

정말로 어릿광대처럼 혀까지 내미는지는 알 수 없지만 나름대로 재미있는 스트레스 해소법이다.

정치가의 비서는 직업 성격상 격무에 시달린다. 따라서 감정을 적절하게 컨트롤하지 못하면 엄청난 스트레스에 시달린다. 그럴 때 스트레스를 해소하는 그녀만의 방법이 '메롱!'인 것이다. 그런 행동을 짓궂다고 나무랄 수만은 없을 것 같다.

언젠가 식품업계에서 순의를 다투는 대기업의 간부와 이야기를 나눈 적이 있다.

낮에는 종업원 교육으로, 저녁에는 매장 순회로 매우 바쁜 분이었다. "여러 모로 바쁘시지요?" 하고 인사를 건네자 고개를 저으며 이렇게 말하는 것이었다.

"그 정도는 식은 죽 먹기입니다."

그의 대답에서 여유가 느껴짐과 동시에 듣는 사람의 기분도 부드럽게 풀어지는 것을 느낄 수 있었다.

"메롱!"

"그 정도는 식은 죽 먹기입니다."

표현하는 방법은 다르지만 왠지 모르게 웃음을 부르는, 유머 감각이 있으면서도 부드러운 분위기가 느껴지는 표현들이다. 바로 이러한 것들에, 긴장이나 스트레스를 완화시키고 안정을 찾아주는 말의 힌트가 존재한다.

'메롱'이라는 장난스런 표현은 적당히 사용하면 스트레스 해소에 도움이 될 것 같다. 상사에게서 무리한 요구를 받거나, 이치에 맞지 않는 꾸지람을 들었을 때, 상대방이 자리를 비운 틈을 타 광대 같은 표정으로 '메롱!' 하고 말한다고 생각해 보자.

어떤가. 화가 나서 말을 거칠게 내뱉거나 짜증을 내는 것보다 훨씬 귀엽고 유쾌하지 않은가. 주변 사람들의 그런 모습을 목격했다 하더라도 분위기를 망칠 것 같지는 않은 표현법이다.

'그 정도는 식은 죽 먹기입니다.' 라는 말은 '간단하다.', '별 것 아니다.' 라는 말보다 훨씬 감칠맛이 있다. 언어 자체에서 느껴지는 여유가 있기 때문에 '간단히 할 수 있다' 는 본래의 의미가 훨씬 더 명확하게 전달된다. 이런저런 일로 분주하여 마음에 여유가 없지만, 상대방에게는 그런 모습을 드러내 보이고 싶지 않을 때 사용하기 좋은 표현이다. 누군가가 갑자기 어려운 부탁을 해 올 때에 나도 자주 사용하는 말이다.

그 밖에 다음과 같은 표현들도 있다.

"저, 사실은 한가한 사람입니다."

"우리나라에서 제가 가장 한가한 사람일 겁니다."

"걱정하지 마십시오. 시간은 남아도니까요."

이런 식으로 말하다 보면 나 스스로도 정말 시간이 남아도는 것처럼 느껴지면서 심리적인 여유를 가질 수 있다.

이런 말에 공통되는 점은 어딘가 모르게 익살스럽고 귀여운 느낌이 든다는 것이다.

이런 말들은 자기 자신은 물론이고 주위 사람들의 마음에도 여유를 안겨 주기 때문에 '정감 있는 말', '따스한 말'로 불린다. 긴장을 풀어 주고 여유 있는 분위기를 만드는 효과, 즉 안정 효과를 가지고 있는 말이라는 것이다.

정감을 주는 말은 어떻게 찾아내야 할까?

방법은 저마다 다양하겠지만 쉽게 익힐 수 있는 방법 가운데 하나는 순우리말이나 속담, 옛말〔古語〕을 찾아보는 것이다. 오늘날에는 별로 사용하지 않는 옛말은 낯설면서도 독특한 정감이 느껴진다.

"내 벗(친구)은 곰살궂은(성질이 부드럽고 다정한) 사람입니다."
"경제는 시나브로(모르는 사이에 조금씩) 회복될 겁니다."
"가는 날이 장날."
"약방의 감초."
"네, 그리하리다."

예를 들어 친구간이나 비슷한 나이 또래의 직장 동료들이 모여 어떤 일에 대한 의견을 나눈다고 하자. 서로 자신의 생각이 옳다고 목소리를 높이지만 결론은 한 가지로 결정되게 마련이다. 마지막으로 결론에 따르겠느냐고 확인해 올 때 "네, 그리하리다.", "여러분의 뜻을 따르리다." 라는 식의 대답을 해 보자. 아마 목소리를 높였던 자신이나, 의견을 절충하느라 애썼던 상대방이나 마음이 누그러지는 경험을 하게 될 것이다.

옛스런 말, 고어를 사용할 때 주의할 점은, 평소에는 사용하지 않지만 그 의미를 누구나 쉽게 이해할 수 있어야 한다는 것과, 익살스러운 표현을 사용해도 오해를 불러일으키지 않는 분위기여야 한다는 것이다.

친근한 관계에서 이런 용법을 사용하면 긴장되었던 분위기가 즉시 화기애애한 분위기로 바뀐다. 지금은 사용하지 않는 말이지만 어떤 장소에서 어떻게 활용하는가에 따라 분위기를 쇄신하고 긴장을 푸는 데 큰 도움이 될 수 있다.

사투리를 활용한다

누구나 한 번쯤은 낯선 여행지에서 듣는 사투리에 푸근한 전감을 느낀 적이 있을 것이다. 고향을 떠나 객지에서 생활하고 있는 사람이 고향 사투리를 들으면 그리움과 평온함을 동시에 느끼게 된다.

사투리 즉 고향 느낌이 나는 말은 긴장을 풀어 주고 마음을 차분하게 해 준다. 특정한 지역색이 묻어나는 말은 긴장 완화 효과가 크므로 상대의 마음을 여는 말로 사용하기에 적합하다.

사투리를 쓸 때의 포인트는 의미가 쉽게 파악되면서 현실감 있는 말을 사용하는 것. 지나치게 독특한 사투리는 피하는 것이 좋다. 듣는 사람이 뜻을 파악하기가 어렵고, 경우에 따라서는 하나하나 설명까지 해야 하는 일이 발생할 수 있다.

예를 들면, "안녕?"이라는 인사를 할 때, 전라도에서는 "안녕하신게라?", "안녕하시요?"라고 하고, 충청도에서는 "안녕하시유?"라고 말한다. 경상도에서는 '수고했다'라는 의미르 '욕봤다.'라는 말을 많이 쓴다. 싫은 말을 들었을 때 그만하라는 의미로, 또는 화가 났을 때 쓰는 '치-삐라(치워 버려)'라는 표현은 감정의 상태를 분명하게 알게 한다.

이렇듯 사투리는 누구나 쉽게 이해할 수 있으면서 정감이 물씬 느껴지는 매력을 갖추고 있다. 사투리를 이용한 표현을 지나치게 많이 사용한다면 문제가 될 수도 있지만, 평소에 표준어를 사용하는 사람이 어색하고 딱딱한 상황에서 이런 사투리를 한마디 던진다면 그 자리의 긴장감은 즉시 해소된다.

외국어도 활용할 만한 가치가 있다.

- 아침 인사 : 봉주르, 봉조르노, 오하요오고자이마스.
- 감사합니다 : 메르시, 그라체, 아리가토고자이마스.
- 사랑해 : 주템므, 티아모, 아이시테루요.
- 맛있다 : 세봉, 부오노, 오이시이.

언젠가 NPO 법인에 근무하는 프랑스 출신의 여성 임원을 만난 적이 있다. 처음 만났을 때 나는 "주템므, 마담." 하고 말을 걸었다.

그러자 그녀는 웃음을 터뜨리며 이렇게 대답했다.

"역시 대단하시네요. 한방에 제 마음을 빼앗아 버리시는군요."

제대로 알지도 못하는 프랑스어를 구사해서라도 어떻게 해서든 좋은 관계를 유지하려 하는 진심이 통한 것이다. 물론 프랑스인이 이런 말을 했다면 여성을 놀린다는 이유에서 즉시 성희롱으로 비난을 받을 것이다. 하지만 나는 프랑스인이 아니기 때문에 오히려 상대방을 배려하기 위해 최대한 노력을 기울이고 있는 사람이라는 긍정적인 평가를 받을 수 있었다.

그 이후로 상대방과 나의 심리적 거리는 부쩍 줄어들었고, 지금까지 원만한 인간관계를 유지하고 있다.

의성어나 의태어도 긴장을 완화시키는 데에 도움이 된다.

'뒤뚱뒤뚱'

'떼굴떼굴'

'엉금엉금'

'출랑출랑'

'기웃기웃'

일의 진행 속도에 관한 질문을 받았을 때 다음과 같이 대답해 보자.

"엉금엉금 기고 있습니다."

"뚜벅뚜벅, 한 걸음씩 잘 진행하고 있습니다."

이런 식으로 답변한다면 업무와 관련된 딱딱한 질문을 부드럽게 완화시켜 마음의 여유를 느낄 수 있게 된다.

앞에서 소개한 '메롱'은 아이들이 사용하는 말, 즉 유아어에 해당한다. 유아어는 우울한 기분을 푸는 데 큰 효과를 발휘한다.

"빵빵 타고 가는데 야옹이가 달려들지 뭐예요."

이런 식으로, 사고가 날 뻔했던 상황을 유아어로 표현해 보자. 긴장과 스트레스가 단번에 날아갈 것이다.

또한 자칫 거칠어지기 쉬운 남성들의 대화에서는 여성들이 사용하는 부드러운 언어를 이용해서 긴장을 완화시키고 분위기를 반전시킬 수도 있다.

예로부터 전해 내려오는 우리의 말, 그러나 지금은 거의 사용하지 않아 죽은 말이 되어 버린 아름다운 말을 찾아내어 스트레스와 긴장을 푸는 데 활용해 보자. 인간관계가 각박해지고 커뮤니케이션이 제대로 이루어지지 않는 원인 가운데 하나는, 어쩌면 우리 고유의 정감이 깃든 말을 더 이상 사용하지 않게 되었기 때문인지도 모른다.

이상으로 '정감과 유머가 있는 말' 들을 다양하게 소개해 보았다. 이런 말들은 서로의 긴장감을 완화시키고 스트레스를 해소하는 데에 많은 신경을 쓰고 있는 요즘 같은 시기에 가장 잘 어울린다.

때에 따라 가볍고 톡톡 튀는 좌우명을 정한다

'좌우명' 하면 인생 황혼기에 접어든 성공한 인물이나 유명 인사들의 전유물처럼 느껴진다. 엄숙하고, 무게가 있으며, 어딘가 모르게 위대한 철학이 담겨 있을 것 같다. 그런데 내가 권하고 싶은 좌우명은, 보통 생각하는 것되는 정반대의, 튀어 보이면서 경쾌한 것이다.

그런 좌우명의 조건은 '무엇이든 상관없다' 는 것이다. 어떤 말이든 상관없고, 그저 자신의 기분에 맞는 말이면 된다. 공자나 소크라테스 같은 위인의 말이 아닌, 가수나 탤런트, 영화배우, 개그맨, 스포츠맨들이 사용한 말이 좋다. 즉 가볍고 편안한 말이 좋다.

좌우명은 자주 바뀌어도 좋다

위인의 명언집도 좋지만, 개성 단점의 탤런트나 스포츠선수가 한 말, 인터넷 블로그 등에 올라 있는 말도 도움이 된다. 신문은 취급하는 대상의 폭이 넓기 때문에 좌우명으로 삼을 단한 말을 많이 발견할 수 있다. 특히 표제어 중에 그런 말이 많다.

위인의 좌우명은 붓으로 써서 액자에 넣어 벽에 걸어 놓고 엄숙하게 바라보는 것이지만, 스타의 좌우명은 '경쾌한 것' 이 포인트이기 때문에 펜이나 연필로 써도 된다. 또한 좌우명을 한 가지만 고집할 필요도 없다. 좌우명이 싫증이 났거나 감정의 변화가 생겼을 때, 더 나은 말을 발견했을 때에는 새로운 것으로 바꾸면 된다.

일에 대한 책임이 늘어나고 인생의 경험이 쌓임에 따라 좌우명도 바뀔 수 있다. 이것은 어찌 보면 자연스러운 현상이다.

이런 좌우명은 평생 간직해야 할 필요는 없다. 5년 만에 바꾸어도 되고 1년 만에 바꾸어도 상관없다. 유효 기간이 짧다고 문제가 될 것은 전혀 없다. 매달 바꾸어도 된다.

좌우명을 정했다면 종이에 써 보자. 큼직한 종이에 써서 벽에 붙여 두거나 매일 사용하는 수첩에 적어 두자. 휴대 전화의 메인 화면에 띄워도 좋다. 항상 눈에 띄는 장소에 둔다면 당신의 좌우명은 큰 힘을 발휘해 줄 것이다.

나의 좌우명은 '가능하면 겸허하게 생활하자.'이다. 어떤가, 이만하면 좌우명대로 살아갈 수 있을 것 같지 않은가?

제3장

밝고 긍정적인 말은
어떤 어려운 문제도 해결한다

| 모든 문제는 긍정적으로 표현할 수 있다 |

"좋고 나쁜 것은 생각하기 나름이다."

영국의 위대한 작가 셰익스피어도 이와 비슷한 말을 했다고 한다.

무슨 일이든 좋은 쪽으로 생각하는 것이 당연히 좋다. 설사 나쁜 일이라고 해도 좋은 쪽으로 생각하면 인생이 밝아진다. 이것이 이른바 포지티브 싱킹(Positive Thinking : 긍정적 사고)으로, 감성적인 능력을 활용하는 방법 가운데 하나다.

말도 마찬가지다. 같은 문제라고 해도 어떤 식으로 표현하는가에 따라 부정적인 말이 될 수도 있고 긍정적인 말이 될 수도 있다. 또, 어둡게 표현할 수도 있고 밝게 표현할 수도 있다.

해결하기 어려운 문제, 어려운 문제를 표현할 때에도 긍정적인 표현과 부정적인 표현이 있다.

"그 자료가 없어서 안 돼."

"이런 점이 부족해."

"그래서 할 수 없어."

위의 부정적인 표현을 얼마든지 긍정적으로도 전환할 수 있다.

"그 자료만 입수하고 만반의 준비를 갖추어서 실행하면 반드시 성사시킬 수 있어."

나는 어떤 사상이든 밝게 표현할 수 있다고 생각한다.

최근 들어 부하 직원에게 미움을 사는 말, 사용해서는 안 되는 말을 소개하는 책이 다양하게 쏟아져 나오고 있다. 반면에 그런 말들을 긍정적으로 바꾸어 표현하는 구체적인 방법을 예시한 책은 찾아보기 어렵다.

나는 그런 책들을 볼 때마다 모든 말을 긍정적으로 밝게 바꾸어 표현해 보자는 에너지가 샘솟는다. 여러분도 그런 책에 등장하는 말을 긍정적으로 밝게 바꾸어 표현하는 방법을 생각해 보기를 바란다. 그것이 밝은 말로 바꾸어 표현하는 방법을 배울 수 있는 최고의 트레이닝이며, 효과 또한 절대적이다.

주변에 존경할 만한 사람이 있다면 그의 언행을 주목해 보자. 그들은 아무리 어렵고 힘든 일도 긍정적으로 받아들이며 밝게 표현하고 있을 것이다.

나는 일을 잘하는 사람, 바람직한 결과를 내는 사람, 다른 사람으로부터 신뢰를 얻는 사람, 존경을 받는 사람의 공통점은 바로 그런 밝은 표현에 있다고 생각한다.

상대방에게 불평을 하거나 부하 직원을 꾸짖거나 불만 사항을 말할 때도 밝은 말로 바꾸어 표현할 수 있다면 상대방에게 전달되는 불쾌감이나 분노, 불만, 실망, 낙담 등은 줄어들 것이다. 나아가 에너지도 제공할 수 있을 것이다.

예를 들어, 능력이나 노력이 부족하다는 점을 꾸짖을 때는 다음과 같은 식으로 표현할 수 있다.

"자네는 이보다 훨씬 더 잘할 수 있는 능력이 있잖아."

사실 '제대로 처리하지 못했다'는 메시지를 전하는 말이지만 "이게 뭔가!"라는 식으로 직접적으로 불만을 표현하는 것과는 인상이 전혀 다르다. 꾸지람을 듣는 쪽도 반발심이 생기기보다는 '다음에는 좀 더 신경을 쓰자.'라는 생각이 든다.

그런데 '질타에는 반드시 격려가 수반되어야 한다.'는 말이 있다. 꾸짖을 때는 격려하는 요소를 포함시킬 수 있어야 한다.

부하 직원에게 신뢰를 얻는 상사는 반드시 긍정적인 말을 첨가해서 꾸짖는다. 잘못을 꾸짖지 않을 수는 없지만 그런 꾸지람 속에도 격려를 하고 배려하는 상사의 이해심이 깃들여 있기 때문에 부하 직원들이 따르는 것이다.

상대방에게 상처만 주는 꾸지람, 상대방을 궁지로 모는 꾸지람은 꾸짖는 쪽에서는 화가 풀릴지 몰라도 꾸지람을 듣는 쪽에서는 분노, 불만, 원한이 남는다. 그리고 그런 말투에는 미래가 없다. 꾸지람을 한 상황에서 모든 것이 종료되기 때문에 다음 스텝으로의 연계성이 갖추어지지 않는다. 잘못에 대한 꾸지람이지만 그 상황을 통해 보다 나은 전개, 잘못을 발판으로 삼아 한 걸음 더 나아갈 수 있는 의욕 향상으로 연결할 수도 있는데 그런 가능성을 처음부터 차단해 버리는 것과 같다. 이렇게 해서는 상대방과의 거리는 멀어지기만 할 뿐이다.

부정적인 문제를 긍정적인 요소를 포함하여 전달하려면 어떻게 해야 좋을까?

가장 중요한 포인트는 '밝은 말'을 사용하는 것이다. 아무리 부정적인 문제라고 해도 얼마든지 밝게 표현할 수 있다.

예를 들면 다음과 같다.

- "왜 이렇게 일 처리가 늦어!" → "일 처리가 지나치게 꼼꼼하군."
- "생각이 부족하잖아." → "좀더 다양한 가능성을 찾아보는 게 어떤가."
- "이게 기획이야? 이걸 어디에 써먹겠어!" → "다음에는 좀 더 멋진 기획을 기대하겠네."
- "이건 초보자나 하는 실수잖아!" → "이 실수를 반드시 기억해 두게."

이 표현들은 모두 전면적인 부정이 아니라 바람직하지 못한 점을 지적하면서도 밝은 표현으로 상대방의 감정을 에너지로 바꾸어 주고 있다.

"어떻게 해야 '좀 더 발전적으로 노력하자.', '나도 할 수 있다.'는 기분이 들도록 유도할 수 있을까?"

이런 기준으로 말을 선택한다면 모든 문제를 긍정적으로 표현할 수 있을 것이다.

부정적인 감정이 생겼을 때, 감정 그 자체를 그대로 표현하는 것이 아니라 밝은 말로 바꾸어 표현하도록 노력하면 잠깐 동안 틈이 생긴다. 한 호흡 정도의 짧은 시간에 지나지 않을 수도 있지만 바로 그런 틈이 분노와 불만을 긍정적인 표현으로 바꾸는 데 효과가 있다.

부정적인 문제를 밝은 말로 바꾸려면 나름대로 훈련이 필요하다. 삼가해야 할 말을 다룬 책을 구입해서 긍정적인 표현으로 바꾸어 보거나, 동료와 함께 부정적인 표현을 긍정적인 표현으로 바꾸는 게임을 즐기는 식으로 표현 방법을 개발하자. 그렇게 하면 긍정적인 어휘가 증가하고 언어 감각도 갖추어진다. 나아가 사람을 보는 견해도 바뀐다. 사람의 가능성을 부정하는 자세를 버리고, 그 사람의 장점, 긍정적인 부분을 찾게 된다. 그 결과 긍정적인 사고를 가지게 되고, 그러한 사고가 일과 대인관계에도 좋은 영향을 끼친다.

비즈니스에서 승부를 결정짓는
긍정적인 말

솔직하게 말하는 유형 "전력을 다했습니다. 후회는 없습니다!"

희망을 말하는 유형 "다음에는 반드시 이기겠습니다!"

적극적으로 단언하는 유형 "좋은 물건은 비쌉니다!"

🔊 감성적으로 싸우는 방법

비즈니스는 전투다. 따라서 어느 정도의 승리와 패배가 반드시 따른다. 의논 과정에서도 승부가 달라진다. 비즈니스는 경쟁이기 때문에 당연한 일이다.

그런데 하나의 일에 관련된 만남을 계기로 상호 관계가 구축되어 장래에 또 다른 일을 함께 처리하게 되는 경우도 있다. 그

때 승부를 떠나 편안하게 일을 할 수 있다면 과거의 전투에서의 결과는 양쪽 모두의 '승리'라고 말할 수 있을 것이다.

특히 영업사원과 고객의 관계에서는 주문을 받을 수 있느냐 없느냐에 따라서 아주 단순하게 결말이 나는데, 이러한 결말 역시 그 당시의 결말일 뿐이다. 장래에 서로가 소속되어 있는 회사가 바뀌고 입장도 바뀐 상태에서 다시 새로운 싸움을 해야 하는 상황이 찾아오는 경우도 있다.

영업 실무자 시절에 어느 대기업 입사 안내문 공모전에 참가한 적이 있다. 마침 그 회사는 방향 전환을 모색하는 시기로, 회사 이미지를 쇄신하는 것이 최대 목표였다. 기업 측은 오리엔테이션에서 "과거의 기업 이미지를 쇄신하고 싶다. 과거에 얽매이지 않는, 새로운 것을 창조해 주기 바란다."는 입장을 표명했다.

우리는 곧 최고의 제작팀을 편성하여 제작에 심혈을 기울였지만 결과는 좋지 않았다. 과감한 시도를 한 우리의 작품은 채택되지 않았다.

대기업 담당자가 미안한 표정으로 이렇게 말했다.

"개성이 뛰어난 작품이라 마지막까지 망설였습니다만, 이번에는 다른 회사의 것으로 결정했습니다."

그 말을 듣자마자 우리 측 디자이너가 즉시 격앙된 반응을 보이고 말았다.

"채택하지 않은 이유가 뭡니까? 좀 더 구체적으로 설명해 주십시오."

아이디어를 짜내고 디자인을 하는 등 최선의 노력을 기울인 디자이너의 입장에서는 화가 나는 것도 무리는 아니었다. 하지만 디자이너의 거친 표정과 말투에 기업 측 담당자의 얼굴도 굳어지면서 분위기가 험악해졌다.

나는 즉시 디자이너를 방에서 나가게 했다. 하지만 그의 뜨거운 열정을 잘 알고 있는 입장에서 디자이너를 포함한 제작팀이 이 공모전을 위해 얼마나 열심히 노력했는지 담당자에게 반드시 전하고 싶었다. 그것이 영업 실무자로서의 내 역할이기도 했다.

나는 디자이너의 태도에 대해 일단 사과하고 말을 이었다. 이번 일에 어느 정도의 노력을 기울였는지, 어느 정도의 시간을 투자했는지. 디자이너가 화를 내는 심정도 헤아려 주기를 바라는 마음으로 다음과 같은 말로 설명을 했다.

"우리는 전력을 기울였습니다. 따라서 후회는 없습니다."
"열심히 노력했다는 점만큼은 인정해 주시기 바랍니다."
"이번에는 유감스런 결과가 나왔지만 다음에 기회가 주어진다면 반드시 채택되도록 하겠습니다."
그리고 이렇게 말을 맺었다.

＊ 어조는 강하지 않지만 양보할 수 없다는 뜻을 상대방에게 전달하는 말

- 저의 의지를 보여드리겠습니다.

- 저는 포기하지 않습니다.

- 저는 절대로 지지 않겠습니다.

- 반드시 해내겠습니다.

- 성공해 보이겠습니다.

- 제게 맡겨 주십시오. 후회하시지 않을 것입니다.

- 이렇게 멋진 일을 제가 맡을 수 있도록 해 주십시오.

- 전력을 기울여 최선을 다하겠습니다.

- 이 경험을 도약의 발판으로 삼고 싶습니다.

- 이 일이 제게 좋은 공부가 될 수 있기를 바랍니다.

- 위기를 기회로 바꾸겠습니다.

- 새로운 마음으로 다시 시작하겠습니다.

"좀전의 실례를 진심으로 사과드립니다."

"단, 귀사가 성장하기를 바라는 우리의 열정은 변함이 없습니다."

"내년에도 꼭 기회를 주시기 바랍니다."

이듬해, 그 회사에서 이번에도 공모에 참가해 달라는 연락이

왔다.

그들이 또다시 의뢰를 해 온 이유는 무엇일까?

그 열쇠는 역시 '말'에 있다.

나는 처음부터 끝까지 밝은 말을 사용했다. '적극적인 말'을 사용하여 상대방에게 진심을 전했다. '뜨거운 열정을 전하고 싶다, 내년에도 이 일에 꼭 도전하고 싶다'는 마음을 적극적인 말을 사용하여 전달한 것이다.

밝은 말로 승부한다는 것은 '적극적인 말'을 사용한다는 의미다.

🔊 불만 사항에는 단호하게 되받아친다

밝은 말에는 힘이 있다.

적절하게 사용하면 말 한 마디로 상대방의 주장을 되받아치거나 자신의 주장을 강화, 상대방을 이쪽의 페이스로 끌어들일 수 있다.

예를 들어, 고객이 불만 사항을 이야기했다고 하자.

"이 회사의 상품은 너무 비싸요."

그러면 대부분 이런 식으로 대답한다.

"죄송합니다. 다른 회사와 비교하면 약간 비싸기는 하지만 품

질은 우리가 최고입니다."

'가격이 너무 비싸다.'는 상대방의 주장을 받아들이고 가격보다는 품질로 어필하려 하는 것이다. 하지만 가끔은 생각을 바꾸어 단호하게 되받아쳐 보자.

"좋은 물건은 비쌉니다!"

고객은 예상하지 못한 답변을 듣고, 상당한 자신감이 있기 때문에 이런 식으로 말할 수 있는 것이라고 생각하게 된다.

"그럼 어떤 점이 좋은지 설명해 보세요."

고객이 추궁하듯 따지고 들면 자신감을 가지고 적극적인 말로 설명하면 된다.

포인트는 '단호한 한 마디'다.

"A사의 상품이 좋은 것 같네요."라는 말에는 "우리 상품이 최고입니다."

"정말 믿어도 돼요?"라는 말에는 "맡겨 주십시오."

부하 직원의 입에서 나오는 불평불만도 이 방법으로 대처할 수 있다.

"그런 목표는 도저히 무리입니다."에는 "높은 목표가 자네를 성장시켜 주는 거야."

"더 이상 전망이 없습니다."에는 "고객은 얼마든지 있어."

"거절당했습니다."에는 "영업은 거절당하는 순간부터 시작되는 거야!"

"이런 상품은 팔 수 없습니다."에는 "상품력과 영업력은 반비례하는 거야!"

모두 실제로 내가 사용하고 있는 말로, 그 위력은 이미 실증되었다.

위트 있는 표현으로
부정적인 상황을 개선한다

"전혀 흥미가 느껴지지 않아!" → "이거 정말 재미있는데!"

"실적이 이게 뭐야!" → "오늘 점수는 42점이야."

"이대로는 가능성이 없잖아!" → "지금 5승7패야. 아직 승산은 있어."

"파운데이션을 바꾸셨나요?"

"다카야마 씨, 파운데이션을 바꾸셨나요?"

어느 날 아침, 회사에 출근하자마자 여직원이 나를 보고 말을 걸어 왔다.

파운데이션을 바꿔? 내가?

대체 무슨 말일까?

머릿속에서 의문이 교차했지만 다음 순간 문득 그 의미를 깨달았다. 내 얼굴색이 좋지 않았기 때문이다.

그녀는 그 사실을 알고 나의 컨디션을 걱정해 준 것이다. 파운데이션에 비유하다니 꽤나 멋진 센스다.

같은 표현이라도 "얼굴색이 나쁘네요."라는 표현은 너무 직접적이다. 따라서 '그런 건 굳이 말해 주지 않아도 알고 있어.' 하는 반발심이 생기거나, '아, 다른 사람도 내 컨디션이 나쁜 걸 즉시 알아차리는구나.' 라는 생각에 기분이 우울해질 수밖에 없다.

하지만 "파운데이션을 바꾸셨나요?"라는 뜻밖의 표현을 들으면, 그 말을 이해하기 위해 잠시 그쪽으로 생각이 기울게 되고, 우울한 기분은 어느새 사라져 버린다. 그녀는 나의 기분을 배려해 준 것이었다.

"응. 흰색으로 바꾸었어."

나 역시 농담으로 받아넘겼다. 갑자기 기분이 좋아졌다.

어느 날, 옆자리의 여직원이 갑자기 이런 말을 던졌다.

"오늘은 매트한 느낌이어서 좋네요."

매트한 느낌? 대체 무슨 느낌일까? 알 수 없다…….

"칙칙한 느낌이라는 건가?"

그녀는 미소를 지으며 고개를 저었다.

"아뇨. 얼굴색이 차분하게 가라앉은 느낌이라는 뜻이에요. 저는 매트한 느낌을 좋아하거든요!"

'매트(matte)'라는 표현은 메이크업에서 사용하는 말로 '광택이 없다', '칙칙하다', '윤기가 없다'는 이미지를 나타낸다.

나의 얼굴색이 빛이 나지 않는다는 점을 이런 표현으로 자연스럽게 전달한 것이다. 더구나 '광택이 없는 느낌을 좋아한다'는 말까지 덧붙여서 말이다.

그 말에 왠지 기분이 좋아져서 미소를 지어 보이며 "고마워. 컨디션에 신경 좀 쓸게."라고 대답했다. 컨디션이 좋지 않다는 부정적인 문제에 대해서도 의욕을 느낄 수 있도록 해 주는 말이 있는 것이다.

어두운 면을 밝게 표현해 주는 직원에게 감사하면서 '아무리 어두운 문제라고 해도 얼마든지 밝게 표현할 수 있구나' 하는 확신이 생겼다.

📢 '나름대로'

'백(白)을 흑(黑)이라고 한다'는 말이 있다.

좋은 것을 나쁘다고 표현하고 올바른 것을 잘못된 것이라고 표현한다는 뜻으로, '사람을 기만한다'는 의미로도 사용되는데 정확한 근거나 이유를 제시하지 못하면서 자기주장만 한다는 뉘앙스가 있다.

이 발상을 바꾸어, 부정적인 문제를 밝은 말로 표현하는 방법으로 사용할 수 있다. 단, 흑(부정)을 백(긍정)으로 표현하는 것이니까 원래의 표현 방법과는 정반대인 '흑을 백이라고 말한다'가 되겠다.

부하 직원이 기획한 내용이 마음에 들지 않는다고 하자.

불만을 어떻게 전할까. '흑을 백이라고 말한다'는 방식을 사용하여 우선 '좋지 않다', '흥미를 느낄 수 없다'를 그와는 정반대인 '좋다', '재미있다'로 바꾼다. 그리고 그 앞에 '나름대로'를 붙이면 의미는 충분히 전달된다.

"나름대로 재미있는데."

"나름대로 좋은데."

어떤가?

'안 돼.', '좋지 않아.', 나빠.', '흥미를 느낄 수 없어.', '시시해.'라는 말과는 느낌이 전혀 다르지 않은가.

'좋다', '재미있다'는 긍정적인 말을 사용하기 때문에 밝은 표현이 되고, 그 앞에 '나름대로'라는 말을 붙여서 부정적인 요소(마음에 드는 부분은 매우 적다는)를 자연스럽게 추가할 수 있다.

어떤 문제에서든지 이러한 표현 방식을 사용할 수 있다.

- 마이너스 부분이 적은 경우 — '비교적.'(비교적 괜찮군), '그런대로.'(그런대로 좋군.)
- 마이너스 부분이 많은 경우 — '괜찮은 면도 있군.', '쓸만한 부분도 있군.'

이런 식으로 표현하면 그 말의 뉘앙스를 통해 '나쁜' 정도를 나타낼 수 있다.

또, 이런 응용법을 바탕으로 긍정적인 말을 극단적으로 부풀려 표현하는 방법도 있다.

"도저히 평가할 수 없을 정도로 개성적이야."

"그야말로 전대미문의 기획이야."

"우리 회사의 틀을 훌쩍 초월한 작품이야."

"세상이 넓다고 하는데 이 기획을 보니 정말 넓다는 사실을 실감하겠어."

이 정도로 부풀려서 표현을 한다면 말 그대로 칭찬을 받고 있다고 생각하는 사람은 없을 것이다. 대부분 부정적인 평가를 받고 있다는 사실을 깨닫는다.

단, 사람에 따라서는 그 말을 곧이곧대로 받아들이거나 비꼬는 말로 받아들일 염려도 있다. 밝은 말로 부정하는 '비결'은 미소다. 미소를 띤 얼굴로 밝게 전달하는 것이 중요하다.

📢 미묘한 점수는 상대방의 상상력에 불을 지핀다

학교에서 학생들의 실력을 평가하기 위해 시험을 치르는 것처럼, 점수는 가장 이해하기 쉬운 평가 기준이다. 사회에 진출하면 실적을 점수로 평가하는 경우는 거의 없지만 적절하게 활용할 수는 있다.

예를 들어, 이런 말을 들었다고 하자.

"이번에 저의 프레젠테이션 어땠습니까?"

이때 점수를 예로 들어 대답한다.

"42점이야."

만점은 100점이니까 '42점'은 도저히 좋다고 말할 수 없다는, 만족할 수 있는 내용은 아니라는 의미를 전달한다. 그래도 전체적인 부정(0점)보다는 훨씬 좋은 평가이니까 밝은 부정이다. 이런 부정은 매우 중요한 의미를 지닌다.

점수를 전했을 때의 상대방의 반응도 재미있다.

"겨우 42점입니까?"라고 즉시 불만을 드러내는 사람도 있고, "그 정도로 괜찮았습니까?"라며 기뻐하는 사람도 있다. 또, "휴우, 0점이 아니라서 다행이군요."라고 마음을 놓는 사람도 있다.

불만을 드러내는 사람은 자신의 프레젠테이션에 자신감을 가지고 있던 사람, 기뻐하는 사람은 자신감이 없었던 사람이라는 사실도 알 수 있다.

점수는 '60점'이나 '50점'이라는 식으로 10점 단위로 자르는 숫자보다는 1점 단위까지 표현하는 것이 효과적이다.

예를 들어, 62점이라고 하면 '60점보다 2점이 더 높은 이유는 무엇일까?', 78점이라고 하면 '어떤 문제 때문에 80점에서 2점이 빠졌을까?'라는 식으로 상대방이 스스로 생각해 보도록 만들 수 있기 때문이다.

미묘한 점수는 상대방이 진지하게 생각해 볼 시간, 스스로를 되돌아보는 시간을 제공하는 효과가 있다. 이것은 상대방이 스스로 문제점을 깨달을 수 있는 기회를 제공해 주는 것과 같다. 스스로 깨달은 문제는 절대로 잊어버리지 않는다. 미묘한 점수를 전하는 방법으로 상대방의 '상상력'에 불을 붙이는 것이다.

숫자를 사용하는 방법으로는 점수 이외에 야구의 타율, 씨름의 승패, 꽃의 개화 비율, 백분율 등에 비유하는 방법도 생각할 수 있다.

"요즘 자네를 보면 2할 3푼 정도의 수준이야."(3할3푼을 합격점
으로 보고)

"이번 제안은 5승 6패 정도야. 아직 승산이 있으니까 좀 더 노
력해 보게."

"자네는 절반쯤 개화한 꽃 같아. 활짝 피어날 수 있는 방법을
연구해 봐."

"이 리포트는 58퍼센트야. 아직 제 실력을 발휘하지 않고 있는
것 같아."

상대방의 관심이나 취미에 맞는 것을 선택하여 이런 숫자로
표현한다면 더욱 강한 인상을 심어 줄 수 있다.

밝은 말로 꾸짖는다

"언제까지 망설일 거야? 빨리 결정해!"

"신중한 것도 좋지만 가끔은 정반대의 방식을 시도해 보는 것도 도움이 될 거야."

"왜 이렇게 요령이 없나!"

"철저하게 준비를 하면 훨씬 더 빨리 일 처리를 할 수 있어."

"실수가 왜 이렇게 많아!"

"이 실수를 다음에는 반드시 만회하게."

단점을 장점으로 바꾸어 표현한다

'둥근 달걀도 어떻게 자르는가에 따라 사각형을 만들 수 있

다' 는 말처럼, 모든 일은 어떤 관점으로 보는가에 따라 견해가
달라진다. 그리고 그 견해에 따라 단점도 장점이 될 수 있다.

　몇 가지 예를 들어 보자.

　'둔감하다' 는 '듬직하다', '큰 그릇이다'
　'겁쟁이' 는 '섬세하다', '주의력이 깊다'
　'우유부단하다' 는 '신중하다', '생각이 깊다'

　단, 단순히 바꾸어 표현하는 것만으로는 칭찬처럼 들릴 수도
있으므로 꾸짖는 내용이라는 사실이 제대로 전달될 수 있는 말
을 첨가해야 한다. 따라서 '지나치게 ~하다' 는 식으로, 좋은 경
향이 지나치다는 점을 전달하거나 '좋은 쪽으로 활용하라.', '올
바르게 활용할 수 있는 방법을 생각하라.' 는 말을 첨가하여 어
두운 상황을 비판하고 있다는 점을 분명하게 전한다.

　평소에 무슨 일이든 파악하는 속도가 느린 사람을 꾸짖는 경
우를 예로 들어 보자.
　"왜 이렇게 둔감한가?"
　"멍하니 앉아 있기만 하면 뭐 할 거야!"
　일반적으로는 이렇게 표현하겠지만 다음과 같이 바꾸어 본다.
　"역시 무게감이 있어. 꿈쩍도 하지 않는데."

"배짱이 좋아. 틀림없이 거물이 될 거야."

결단력이 없는 사람이라면 다음과 같이 바꾸어 표현한다.

- "빨리 결정해!" → "신중한 것도 좋지만 가끔은 정반대의 방식을 시도해 보는 것도 도움이 될 거야."
- "언제까지 고민만 할 거야?" → "생각이 지나치면 더 피곤해져. 일단 결정한 뒤에 생각하도록 하게."

이런 식으로 바꾸어 표현하는 방법은 단순히 말만 바뀌는 것이 아니라 상대방이 자기 자신을 돌아보고 바람직한 방향으로 성장할 수 있는 계기를 마련해 주는 효과도 있다.

'～하면'이라는 표현으로 부정적인 평가를 밝게 전한다

"조금만 더 생각하면 훨씬 더 좋아질 거야."
이런 말을 듣는다면 어떤 느낌이 들까.
생각이 부족했다는 반성과 함께 다음에는 좀 더 진지하게 생각해서 좋은 결과를 내야겠다는 희망을 가질 수 있다. 한 걸음 더 나아가 다음에는 이런 식으로 처리하자는 구체적인 목표도

세울 수 있다.

자기가 한 일이나 실적이 백 퍼센트 부정당한 것은 아니라는 점 때문에 발전적인 마음을 가질 수 있는 것이다.

꾸짖는 쪽의 입장에서 본다면 마이너스적인 측면만을 내세워 화를 내는 것보다 훨씬 더 큰 효과를 기대할 수 있다.

이런 식으로 꾸짖는 비결은 '~하면'이라는 말을 사용하여 가정형으로 만드는 것이다. 그것도 부정적인 가정이 아니라 긍정적인 가정이다. 그렇기 때문에 전향적이고 밝은 메시지로 받아들여질 수 있다.

"주의력이 산만하니까 이런 실수를 하는 거 아냐!"라고 말하고 싶을 때는 "조금만 신경을 집중시킨다면 자네는 충분히 해낼 수 있어."

"왜 이렇게 요령이 없나!"라고 말하고 싶을 때는 "철저하게 준비를 하면 훨씬 더 빨리 일 처리를 할 수 있어."

이런 말에는, '이렇게 해 주었으면 좋겠다.'라는 바람뿐 아니라 '이렇게 하면 잘될 것이다.'라는 힌트도 포함되어 있다. 즉 잘못을 꾸짖으면서 기대감과 해결책, 개선책을 한꺼번에 전달할 수 있다.

"자신의 실수를 양식으로 삼을 수 있는 사람은 성공한다."는 말이 있다.

그렇다면 꾸짖을 때도 이런 관점을 바탕으로 꾸짖는 방법은 없을까. 그 사람이 성장하는 데에 양식이 될 수 있는 방법으로 꾸짖을 수 있다면 그보다 멋진 방법은 또 없을 것이다.

예를 들어 실수를 자주 하는 사람에게 단순히, "실수가 왜 이렇게 많아!"라는 식이 아니라 상대방이 성장하는 데 양식이 될 수 있는 말로 꾸짖어 보자.

다음과 같은 말은 어떨까?

- "실수를 했으면 반드시 만회하게!"
- "어떤 실수든 귀중한 경험이니까 다음에는 반드시 살릴 수 있도록 하게."
- "실수를 한 만큼 강해지게!"

이처럼 실수를 전향적인 위치에 놓고 꾸짖으면 실수만 저지른다는 사실을 분명히 지적하고 있지만 왠지 혹독한 질책으로는 들리지 않는다.

실수를 성장의 계기, 수준 향상을 위한 양식으로 삼을 수 있도록 꾸짖는 밝은 표현법이다. 그런 한편으로, '앞으로는 같은 실수를 두 번 다시 저지르지 말라.'는 메시지도 전달한다.

"일 처리가 왜 이렇게 늦어!"는 "일을 너무 빈틈없이, 꼼꼼하게 처리하려니까 늦어지는 거야."라고 표현하여 일단 상대방을 이해하고 있다는 사실을 주지시킨 뒤 다음과 같이 덧붙인다.

"그 꼼꼼함에 속도만 붙는다면 금상첨화일 텐데 말이야."

"가끔은 평소의 방식을 바꾸어서 졸속으로 처리하도록 해 보게."

"머리 좀 써 봐!"라는 표현이라면, 열심히 일한다는 부분은 일단 인정을 해 준 뒤에 "정신없이 뛰어다니기만 하는 수준은 이미 졸업했잖아."라고 덧붙인다.

이것은 앞에서 소개한 '~하면'보다 훨씬 더 발전적으로 꾸짖는 방법이다.

이처럼 밝은 말을 사용하여 꾸짖어야 한다는 점을 의식하고 있으면 사람의 단점이나 실수를 전향적으로 바라볼 수 있고 그것을 성장을 위한 양식으로 받아들일 수 있다. 또한 상대방에게 던진 말이 자기 자신에게로 되돌아 와 스스로도 적극적인 사람으로 바뀐다.

이것이 말에 깃들여 있는 재미다.

불평불만도 긍정적으로 표현한다

질병에 걸려 입원, 비쩍 야위어 버렸다!

— "휴양 겸 다이어트도 할 수 있잖아. 5킬로그램이나 줄어들어 날씬해졌지 뭐가. 정말 최고야!"

귀찮은 일을 맡게 되었다!

— "일은 능력 있는 사람에게만 몰린다더니 맞는 말이야."

잇따라 문제가 발생했다!

— "좋았어. 이제 내게도 유능한 사람으로 거듭날 수 있는 기회가 찾아왔다는 거야."

에너지를 빼앗는 사람과 주는 사람의 차이로 '불평불만'을 들수 있다.

여러분은 에너지를 즈는 사람이 불평을 하는 경우를 본 적이 있는가. 그런 사람이 다음과 같은 불평을 하는 모습을 본 적이 있는가.

"나는 운이 없어."

"돈이 없어."

"컨디션이 엉망이야."

"무슨 짓을 해도 되는 일이 없어."

그들은 똑같은 불평을 하더라도 밝은 말을 사용하기 때문에 그것이 불평이라고 받아들여지지 않는다. 밝은 말을 사용하는 불평은 자기 뿐 아니라 주위 사람들에게도 에너지를 안겨 준다.

에너지를 빼앗는 사람의 불평에는 '특징'이 있다. 여기에는 3가지의 주제가 존재한다.

1. 건강하지 못하다 ─ 몸이 나른하다, 너무 피곤하다, 식욕이 없다, 무엇을 먹어도 맛이 없다, 밤에 잠을 잘 수 없다, 속이

아프다, 건강 진단 결과가 나쁘다…….

2. 돈이 없다 — 친구의 회사가 부도가 났다, 돈이 없어서 양복
   한 벌 구입할 수가없다, 아이들의 교육비 때문에 허리가 휜
   다, 이번에도 경마장에 갔다가 돈을 잃었다…….

3. 인관관계가 나쁘다 — 상사와 뜻이 맞지 않는다, 부하 직원
   이 따르지 않는다, 가족과의 관계가 나쁘다, 고부간의 갈등
   때문에 골치 아프다, 연인과 헤어졌다…….

사실 이런 주제는 불평불만이 나오기 쉽지만 이런 주제로는
불평을 하지 않도록 노력해야 한다.

📢 건전한 불평은 당신에 대한 평가를 좋게 한다

얼마 전에 조깅을 하던 중에 넘어져서 다리에 골절상을 입은
친구가 있다. 꽤나 낙담해 있을 것이라는 생각에 문병을 갔더니
병실에 책을 산더미처럼 쌓아 놓고 있었다. 그는 퇴원 후에 할
일들을 기록한 메모를 내게 보여 주면서 이렇게 말했다.

"사람은 가끔 안정된 상태에서 자기 자신에 대해 깊이 생각해
볼 시간이 필요한 것 같아."

입원해 있는 상황에서 휴식을 통한 에너지 충전과 업무 정리

를 하고 있는 친구를 보자 나도 뒤질 수 없다는 의욕이 끓어올랐
다.

"의사 말씀이, 나이는 예순이 넘었지만 근육은 30대라고 하더
군. 아직은 젊다는 것 아니겠나."

그 말에 저절로 고개가 숙여졌다. 불평은커녕 멋진 감성 활용
업을 직접 볼 수 있었기 때문이다.

그의 속마음까지는 알 수 없다. 골절상이라 통증이 심할 텐데
그의 입에서는 밝은 말, 의욕적인 말들만 쏟아져 나왔다.

일상생활에서 쌓인 스트레스를 해소하는 방법은 취미, 스포
츠, 여행 등 사람에 따라 다르겠지만 다른 사람에게 불평을 하는
것도 스트레스를 해소하는 방법일 수 있다.

단, 불평을 들어주어야 하는 쪽은 정말 괴롭다. 심한 경우에는
상대방의 스트레스가 자신에게 옮겨지는 듯한 피로감까지 느껴
진다.

예를 들어 질병 때문에 입원한 사람이 다음과 같이 불평을 한
다고 치자.

"밥맛도 없고 잠도 제대로 잘 수 없었어. 느낌이 이상해서 검
사를 받았더니 즉시 입원하라는 거야. 그리고 벌써 한 달이 지났
어. 가뜩이나 입맛이 없는데 병원에서 주는 밥은 정말 엉망이야.
그 결과 5킬로그램이나 줄었어. 일을 하지 않으면 급료도 줄어

들 텐데, 정말 걱정이야……."

불평은 '말을 해도 어쩔 수 없는 내용을 말로 표현하며 한탄하는 것' 이다.

원래 '어리석다' 는 의미의 산스크리트어로 '바보' 가 어원이라고 하니까, 불평을 늘어놓는다는 것은 '나는 바보다.' 라고 말하고 있는 것과 같다.

그래도 누구나 불평을 늘어놓고 싶은 상황이 있다. 또, 불평을 참고 있으면 그 자체가 스트레스가 되기도 한다. 따라서 발상을 바꾸어 밝은 말로 불평을 할 수 있도록 노력해야 한다. 듣는 사람의 기분을 어둡게 만드는 불평이 아니라 밝게 만드는 불평이다.

기본은, 불평하고 싶은 내용을 전향적으로 포착하여 전향적인 말을 사용해서 전향적으로 표현하는 것이다. 이렇게 하면 불평도 밝은 분위기를 연출한다.

앞에서 소개한 불평을 바꾸어 표현해 보자.

"입원한 뒤로 식사량이 줄었어. 잠만 잤더니 5킬로그램이나 살이 빠졌지 뭔가. 가만히 앉아서 다이어트를 한 셈이지. 요즘처럼 바쁜 시기에 충분히 휴식도 취할 수 있고 그 동안 읽지 못했던 책도 읽을 수 있으니 정말 최고야!"

앞의 불평과 비교하면 부정적인 분위기를 전혀 느낄 수 없다.

이런 불평이라면 듣는 사람도 "정말 큰일이군요." 라는 대답

대신 "그거 정말 다행이군요."라고 대답하고 싶어진다.

어두운 불평에는 상대방도 어두운 기분이 들지만 밝은 불평이라면 상대방도 밝은 기분이 들기 때문에 얼마든지 들어주게 된다. 아니 한 걸음 나아가 '나도 입원해 보고 싶다.'는 생각마저 든다.

밝은 불평은 그 사람이 강한 사람, 에너지가 넘치는 사람, 전향적인 사람이라는 인상을 준다. 불평을 하고 싶을 때에도 이처럼 밝게 표현하면 주위의 에너지까지 끌어올리는 효과를 얻을 수 있다.

📢 우울한 화제를 밝게 바꾼다

앞의 예처럼 '야위었다'에서 '다이어트'로 말을 바꾸는 표현은 여러 가지로 응용할 수 있다.

"일이 바쁜 덕분에 3킬로그램이나 다이어트를 했어."

"돈(급료)도 받으면서 5킬로그램이나 다이어트를 했지 뭐야."

이런 말에서는 '너무 바빠서 살이 빠졌다.'는 부정적인 이미지는 느껴지지 않는다.

처리하기 어려운 귀찮은 일을 맡게 되었다면 다음과 같이 긍정적으로 표현해 보자.

- “이 일은 할 수 없어!” → “돈도 받으면서 이런 일에 도전할 기회까지 주어지다니, 꿈만 같아.”
- “정말 해도 너무한다.” → “내게 이런 일을 맡겨 주다니. 과장님에게 감사해야겠는데.”

어느 정도 무리가 있더라도 긍정적인 말로 바꾸어 표현하면 밝은 이미지를 줄 수 있다. 말에는 그런 힘이 존재한다.

일을 하느라 “아, 피곤해!”가 아니라 “또 한 가지 끝냈다. 속이 다 시원하다!”, “오늘도 잠이 잘 오겠어!”라는 식으로 말해 보자. 힘든 일을 말끔하게 끝냈다는 상쾌한 기분이 생길 것이다. 그리고 그런 당신을 지켜보는 주위 사람들은 당신에 대해 역시 유능한 사람이라고 생각한다.

일을 하고 싶은 기분이 나지 않을 때, “너무 피곤해.”, “의욕이 일지 않아.”, “완전히 녹초야.”라는 식으로 불평해 봤자 다른 사람이 좋게 볼 리 없고, 또 스스로도 의욕이 떨어질 뿐이다.

반대로 “좋았어. 또 도전해 볼까.”, “이거 재미있겠는데.”, “그래. 일을 할 때가 좋은 거야.”라는 식으로 긍정적이고 발전적인 느낌이 나도록 말해 보자.

똑같은 불평을 밝게 표현한 예를 몇 가지 보자.

- 또 실수를 저질렀어. → 이것으로 한걸음 더 성장했어.

- 이런 일을 어떻게 하라는 거야. → 보람 있는 일을 하게 되었어.
- 왜 나만 가지고 난리야. → 이렇게 주목을 받고 있다니, 더 열심히 해야지.

이처럼 불평을 이용해서 스스로의 의욕을 일깨울 수 있는 이유는 밝은 말이 강력한 힘을 가지고 있기 때문이다.

상대방의 불평을 긍정적으로 전환한다

상대방의 불평을 밝은 쪽으로 전환하여 에너지를 발생시킬 수 있다.

얼마 전에 고객 한 명이 이런 질문을 해 왔다.

"요즘 회사가 순조롭게 돌아가는 것 같더군요."

그런데 나도 모르게 불평을 해 버렸다.

"아닙니다. 현실은 전혀 달라요. 제 궤도에 올랐다 싶으면 다시 활주로로 돌아오는 일이 반복되고 있어서 정말 짜증납니다."

그러자 그의 한 마디.

"활주로를 달리고 있는 것만으로도 훌륭한 것이지요."

나는 그 말에 용기를 느끼지 않을 수 없었다. 그러나 어떤 대답이 돌아올까 하는 마음에 일부러 한 마디 더 던져 보았다.

"활주로에도 한계가 있지요. 이러다가 자칫하면 바다에 추락할 것 같습니다."

그랬더니 이번에도 어김없이 긍정적인 답변이 돌아왔다.

"다카야마 씨는 벼랑 끝에 설수록 강해지는 분이니까 그런 상황에 놓인다면 오히려 더 빨리 궤도에 오를 수 있을 겁니다."

그 순간 쓸데없는 불평을 했던 내 자신이 부끄러워졌다.

상대방의 불평을 받아들여 밝은 쪽으로 전환시킴으로써 상대방에게 의욕을 불러 일으켜 줄 수도 있다는 사실을 뼈저리게 실감할 수 있었던 사례다.

메일은 가능한 한 밝게 쓴다

첫 머리에　　"엉뚱이 ○○○입니다."

본문을 마치면서　　"밤바다가 그리워지는 ○○○입니다."

우울한 메일은 상대방의 에너지를 빼앗는다

날마다 수없이 날아드는 메일. 그중에는 즉시 열어 보고 싶은 메일과 그렇지 않은 메일이 있다.

누구나 경험해 보았겠지만 왠지 모르게 기분 나쁜 예감이 들거나 괜히 열어 보고 싶지 않은 메일이 있다. 어딘지 우울한 내용이 담겨 있을 것 같은 메일이다. 반면에 즉시 열어 보고 싶은 메일도 있다.

“아, 왔어!”

“왠지 좋은 내용이 적혀 있을 것 같은데.”

수많은 메일 중에서 자기도 모르게 가장 먼저 열어 보고 싶은 충동이 느껴지는 메일이다.

그 차이는 무엇일까?

메일의 제목이 밝은 기분이 들도록 작성되어 있는가, 어두운 기분이 들도록 작성되어 있는가의 차이다.

메일도 밝게 써야 한다.

부정적인 내용이 될 것 같으면 한 호흡 시간을 두고 가능하면 긍정적인 말을 사용해서 작성해 보자. 또는 전향적인 말을 추가한다. 그것만으로 상대방에게 주는 인상은 크게 바뀐다.

“지금, 우리 회사는 위기 상황이지만 최선을 다해 해결책을 모색하고 있습니다.”

“우리 회사의 영업 체제는 ○○하면 강화될 것이라고 생각합니다.”

‘○○는 좋지 않다’를 ‘○○하면 좋아진다’라는 말로 바꾸는 것이다.

부정적인 내용을 밝은 말로 표현하려면 IQ가 작용한다. IQ가 작용하면 해결하기 위한 다양한 선택의 여지를 생각하게 된다.

“방식을 바꾸면 훨씬 좋아질 것이다.”, “신상품 개발을 하겠다.”라는 식이다. 선택의 여지가 증가하면 그중에서 보다 나은 표현을 선택하게 되고, 그 결과 자신이 취해야 할 행동도 발견할 수 있다.

“○○하는 것이 가장 우선적인 대책이라고 생각합니다.”

“저는 ○○하고 싶습니다.”

이처럼 전향적인 대처법을 사용하게 된다.

불가능한 이유를 찾는 것보다 가능한 방법을 생각해야 한다. 그렇게 하면 ‘이것이 나쁘다’가 아니라 ‘이렇게 하면 된다’는 긍정적인 표현을 할 수 있다.

📢 메일 제목은 밝게 붙인다

수시로 도착하는 그 많은 메일을 즉시 열어 볼 것인가. 아니면 좀 한가한 시간에 진지하게 읽을 것인가.

독자 여러분은 메일을 어떤 식으로 판단하는가. 아마도 중요한 것, 급한 것, 답장을 기다리는 것, 흥미가 느껴지는 것 등이 기준이 될 것이다. 그리고 또 하나, 메일 제목에 열어 보고 싶은 충동이 느껴지는 말이 있는 것도 기준이 될 수 있다.

내가 그런 생각을 하게 된 것은 최근의 일이다.

외국의 출장지에서 여러 사람에게 메일을 보내면서 다음과 같은 제목을 사용했다.

"야자수, 다카야마입니다."

그 나라에 보기 드문 야자수가 있어서 별 생각 없이 이름 앞에 붙인 것인데 뜻밖에도 반응이 매우 좋았다.

"야자수 다카야마 씨에게."
"다음 달에는 태평양을 바라보는 비치에서……. ○○입니다."
"정말 무더운 날씨. 고생 많으십니다."
"분위기가 아무리 좋아도 과음은 금물입니다."

이런 식으로, 내가 사용했던 표현과 비슷한 표현의 답장을 보내준 사람도 있고 내가 출장을 가 있는 지역의 날씨나 특성을 고려하여 답장을 보내 준 사람도 있었다.

한 걸음 더 나아가 다음과 같은 제목을 사용한 답장도 있었다.

"멋진 추억을 만들어 봅시다! ○○입니다."(계약이 성사되기를
   바란다는 의미)

공통점은 모든 답장이 밝은 제목으로 시작된다는 것이다. 이런 답장을 받자 나도 당연히 기분이 좋아졌다. 그리고 상대방과 나의 심리적 거리가 가까워졌다는 사실을 실감할 수 있었다. 이런 경험은 처음이었다.

그 이후로 메일을 보낼 때는 많은 연구를 한다.

'빨리 열어 보고 싶다.'

'빨리 읽어 보고 싶다.'

'기분 좋은 메일이 왔을 거야.'

받는 사람이 이런 느낌이 들게 해 주는 메일을 작성하고 싶기 때문이다.

본문을 읽은 뒤에 다음 메일을 기대하도록 여운을 남긴다면 더할 나위 없이 좋다. 따라서 제목과 맺음말에 신경을 써서 작성해야 한다.

아래에 내가 자주 사용하는 예를 몇 가지 소개한다.

- 야자수가 있는 지역으로 출장을 갔을 때 — "야자수, 다카야마입니다"라는 제목으로 시작해서 "풀 사이드에서 칵테일을 한손에 들고, 다카야마였습니다."로 맺는다.
- 축제가 한창인 지역으로 출장을 갔을 때 — "○○축제의 다카야마입니다"라는 제목으로 시작해서 "장터에서 다카야마였습니다."

- 단풍이 한창인 지역으로 출장을 갔을 때 — "화려한 단풍에 둘러싸여, 다카야마입니다"라는 제목으로 시작해서 "눈으로만 단풍 관광을 끝낸 다카야마였습니다."
- 영화 촬영지로 유명한 지역으로 출장을 갔을 때 — "영화 ○○의 엑스트라 다카야마입니다"라는 제목으로 시작해서 "결국 출연은 하지 못한 다카야마였습니다."

계절, 그 지역의 명물, 특산물, 풍물 등을 키워드로 삼아 메일을 보내는 것이다.

설문 조사에 의하면, 이런 메일을 받은 사람은 대부분 즉시 열어 보았다고 했다.

여러분도 꼭 한 번 시험해 보기 바란다.

질문에 즉시 답변하여
감서을 단련한다

상담을 하게 되었을 때, 질문에 대응하는 것은 쉬운 일이 아니다.

가능하면 바람직한 대답, 도움이 되는 대답을 하고 싶다는 의욕이 앞설수록, 또는 심각한 상담일수록 여러 가지 사항에 신경을 쓰게 되고 신중하게 생각하여 충고를 하게 된다. 하지만 지나치게 신중하면 그 충고는 누구에게나 통용되는 당연한 내용으로 변질되기 쉽다.

자신의 마음을 상대방에게 제대로 전달하려면 때로는 느낀 사실을 있는 그대로 표현하는 것이 바람직하다. 그쪽이 상대방의 마음에 닿을 수 있기 때문이다.

대학에서 강연을 끝낸 후, 학생들과 상담을 하게 되는 경우가 있다. 수많은 학생들이 늘어서 있기 때문에 한 명의 학생에게 할애할 수 있는 시간은 기껏해야 1분 정도다.

"○○때문에 고민하고 있습니다."

"고민은 무의미한 행동이야. 고민할 바에는 해결할 수 있는 방법을 찾아보게. 그쪽이 보다 바람직한 결과를 내니까."

"아, 그렇군요. 감사합니다."

이 한 마디로 고민이 해결되었다며 고마워하는 학생도 꽤 있다.

친구관계에 대한 고민이나 연애 상담에서부터 심각한 가정 문제까지, 학생들의 고민은 그야말로 다양하지만 어떤 질문에 대해서든 마음속에 떠오른 생각을 순간적으로 말해 준다. 그것도 기껏해야 두세 마디 정도다. 하지만 독단적이고 무책임한 말은 절대로 하면 안 된다는 긴장감은 그야말로 말을 이용한 전장(戰場) 같은 느낌이 들게 만든다.

마음에서 우러나는 말을 표현한다

생각할 시간이 짧다고 해서 함부로 말하면 안 된다. 단지 두세 마디를 던져서 긍정적인 답변을 이끌어 내려면 IQ와 EQ를 총동원하여 내가 갖추고 있는 모든 것을 드러내야 한다. 그렇기 때문에 최대한 집중해야 한다.

이럴 때는 과거의 경험이나 평소의 생각, 느낌이 그대로 말로 표현된다. 가식은 전혀 없는, 자신의 본질이 드러나는 것이다. 그렇게 마음에서 우러나는 말이기 때문에 짧아도 상대방의 마음에 가 닿는 것인지도 모른다.

어떤 질문에든 순간적으로 대답한다……. 개인적인 문제든 비즈니스와 관련된 문제든 때로는 이런 방식으로 대응해 보자.

순간적으로, 상대방이 납득할 수 있는 답변을 내놓을 수 있는가?

바로 이 부분에서 당신의 EQ와 IQ의 활용 능력을 알 수 있다.

제4장

답변을 통해 단련하는
'마음의 능력'

| 어떻게 '답변'하는가에 따라 인상이 바뀐다! |

우리는 평소에 먼저 말을 거는 경우도 있지만 상대방이 먼저 말을 걸어오는 경우도 있다.

이 책도 그렇지만, 말을 걸 때의 표현의 중요성이나 그 효과에 관하여 쓴 책은 엄청나게 많이 있다. 그런데 또 하나, 중요한 것이 있다. 그것은 상대방이 말을 걸어 왔을 때의 '답변'이다.

커뮤니케이션은 대화, 나아가 '마음의 교류'에 의해 성립된다. 먼저 말을 거는 것뿐 아니라 상대방이 말을 걸어 왔을 때 어떻게 대응하는가 하는 문제는 말을 사용하여 대화를 나눌 때 매우 중요한 의미를 가진다.

예를 들면, 인사를 했을 때의 대응이다.

아침에 회사에 출근하여 동료 직원에게, "안녕하세요!"라고 말을 걸었을 때, 상대방이 아무런 반응도 보이지 않는다면 당신은 어떤 생각이 들까?

"뭐야? 무시하는 거야?"

"내게 나쁜 감정이라도 있나?"

"무슨 걱정거리라도 있는 것인가?"

아마 이런 생각이 들 것이고 마음속으로 불안과 걱정, 경우에 따라서는 혐오감까지도 느낄 수 있다.

냉정하게 생각하면 당신의 말이 상대방에게 들리지 않았을 수도 있고 상대방이 다른 일에 신경을 쓰느라 미처 알아듣지 못했을 수도 있다. 그렇더라도 답변이 없으면 상대방과의 거리는 오히려 멀어진다.

또 인사로 대응을 하는 경우에도 눈웃음으로 대응하는 사람도 있고, "아, 네."라는 식으로 짤막하게 한 마디만 던지는 사람도 있다. 이 경우에는 분명히 대응을 한 것이지만 기분은 좋지 않다.

상대방이 말을 걸어왔을 때 어떤 반응을 보이는가, 어떤 답변을 하는가 하는 문제는 그 사람의 '마음의 능력'을 나타낸다.

어떤 말에 대해서든 적절한 말을 선택하여 답변하는 사람은 상대방의 마음을 배려하는 사람이며 감성을 효과적으로 발휘하는 사람이다.

다른 사람과의 마음의 거리를 줄이려면 내가 하는 인사는 물론 상대방의 인사에 대한 대응도 중요하다.

좋은 인상을 심어 주는
인사 대응법

"안녕하세요?"라는 인사를 받는다면

자기PR 방식 "네, 안녕하세요. 오늘도 즐거운 하루를 보냅시다!"

의욕을 돋구는 방식 "네, 안녕하세요. 늘 활기가 넘치는군요!"

위로하는 방식 "네, 안녕하세요. 오늘도 일찍 출근하셨네요!"

🔊 대응의 3가지 다양성

일상생활에서 흔히 쓰는 인사말은 정형화되어 있다고 할 수 있다. 예를 들면, "다녀오겠습니다."에는 "잘 다녀와라.", "다녀왔습니다." 에는 "어서 와. 수고했다."로 응답하는 경우가 대부분이다.

그런데 상대방과의 마음의 거리를 줄이고 싶다면 이런 정형화된 인사에 플러스 알파를 첨가해야 한다. 이해를 돕기 위해 '자기PR 방식', '의욕을 돋구는 방식', '위로하는 방식'이라는 3가지 방식으로 구분해 보기로 하자.

우선 '자기 PR 방식'이다. 이것은 자신의 긍정적인 감정을 실어서 답변하는 방식이다.

"네, 안녕하세요."라는 말 뒤에 다음과 같은 말을 덧붙인다.

"오늘도 즐거운 하루를 보냅시다!"

"오늘따라 기분이 더 좋은데요."

"오늘도 최선을 다합시다!"

자기 PR이라고 하지만 정작 그 핵심은 자신을 어필하는 것보다 긍정적인 말로 주위 사람들을 끌어당겨서 분위기를 밝게 하는 데 있다. 이런 인사는 자연스럽게 듣는 사람의 기분까지 밝게 하는 효과가 있다.

'의욕을 돋구는 방식'은 상대방을 격려하거나 칭찬하는 마음을 담아 표현하는 방식이다.

"네, 안녕하세요. 늘 활기가 넘치는군요!"

"네, 안녕하세요. 오늘도 기분이 좋아 보이네요. 저까지 기분이 좋아지려고 합니다."

"네, 안녕하세요. 역시 일찍 나오셨네요. 파이팅입니다!"

이 밖에도 다양한 표현을 할 수 있다.

"언제 보아도 긴장감이 넘치십니다."

"오늘은 틀림없이 계약이 잘 이루어질 겁니다."

"오늘도 강력한 파워를 전개해 보십시오."

"○○씨를 보고 있으면 저까지 의욕이 넘치는 것 같습니다."

아침에 이런 말을 들으면 누구나 기분 좋게 하루를 시작할 수 있을 것이다.

위로하는 방식의 대표적인 예는 "고생하셨습니다."이다.

외부에서 돌아와 "다녀왔습니다."라고 인사하는 사람에게 다음과 같이 답변한다.

"어서 오십시오. 더운 날씨에 고생하셨습니다."

"날씨가 추워서 힘들었지요? 고생하셨습니다."

이와 비슷한 의미로 "수고하셨습니다."라는 말도 있다.

"긴 시간, 출장 다녀오느라 수고했네."

"늘 수고가 많아."

단, '수고했다'는 말은 윗사람이 아랫사람에게 하는 말이다. 상사나 선배가 부하 직원이나 후배에게 사용하는 경우는 상관없지만 그 반대의 상황이라면 예의에 어긋난다.

격려를 받았을 때의 답변

격려해 준 사람까지 기분 좋게 만드는 답변

고민이 있을 때나 괴로울 때, 장벽에 부딪혔을 때 "힘내!", "내가 응원할게."라는 격려를 받으면 기분이 나아진다.

그 이유는 무엇일까?

— 상대방은 내게 신경을 써 주고 있다.

— 상대방은 곤경에 처해 있는 내 상황을 잘 이해해 준다.

— 상대방은 나를 걱정해 주고 있다.

— 상대방은 내가 곤경에서 벗어나기를 바라고 있다.

이런 기분이 들기 때문이다.

"힘 내"라는 말 한 마디에는 상대방의 다양한 감정이 스며들어 있다. 격려의 바탕에 깔려 있는 것은 배려다. 날마다 일에 쫓기는 상황에서도 당신을 배려해 준다는 데 우선 감사하자. 그리고 "힘 내!"라는 말에 "감사합니다!"라고 대답하는 데 그치지 말고 몇 마디 말을 덧붙여 보자.

"감사합니다. 말씀만 들어도 힘이 납니다."

"신경 써 주셔서 정말 감사합니다."

"힘이 되어 주셔서 감사합니다."

"걱정을 끼쳐 드려서 죄송합니다."

좀 더 적극적이고 발전적인 결심을 드러내고 싶다면 다음과 같이 표현한다.

"저는 절대로 지지 않을 것입니다."

"어떻게든 이 곤경을 헤쳐나가겠습니다."

"끝까지 최선을 다하겠습니다."

"결과를 기대해 주십시오."

"마음을 다져 먹고 도전하겠습니다."

"언젠가는 꼭 성장한 제 모습을 보여드리겠습니다."

결의 표명 뒤에는 '당신의 격려 덕분에 적극적인 자세를 갖추게 되었습니다.'라는 메시지가 숨어 있다. 즉, 상대방의 격려로 인해 마음이 변화하고 효과가 발생했다는 사실을 전하고 있는 것이다.

이런 변화와 효과를 더욱 강조하는 표현법이 있다.

"자네는 틀림없이 잘 해낼 거야."라는 격려를 들었다면 다음과 같이 답변한다.

"감사합니다. 과장님 칼씀을 들으니 의욕이 샘솟는 것 같습니다. 무슨 일이든 헤쳐 나갈 것 같은 자신감이 생깁니다."

"덕분에 용기를 얻었습니다."

"이번 기회에 한 걸음 더 성장해 보이겠습니다."

"이제 두려움 없이 도전하겠습니다."

"덕분에 활기를 찾았습니다."

이보다 더 과장해서 표현하는 방법으로 큰 효과를 얻는 경우가 있다.

"그 말씀을 들으니 태평양도 건널 수 있을 것 같습니다."
"하늘을 나는 듯한 기분입니다."
"이제 총칼도 두렵지 않습니다."

이 정도의 대답이라면 격려해 준 사람이 오히려 의욕을 느끼게 될 것이다.

격려에 대한 적절한 답변은 격려를 받은 사람, 격려를 한 사람, 모두의 기분을 유쾌하게 만들뿐 아니라 전향적인 의지를 가지게 해 준다.

질책을 '마음 단련'의 기회로
받아들인다

질책을 받으면 일단 "죄송합니다!"라고 말한 뒤에 다음과 같이 덧붙인다.

상대방의 지적에 감사하는 마음을 담아서

— "이제 무엇인가 알 것 같습니다. 지적해 주셔서 감사합니다."

앞으로 도움이 되는 사람이 되겠다는 의지를 표현하면서

— "앞으로 이런 실수는 절대로 저지르지 않겠습니다."

미래의 성장을 어필하면서

— "가까운 시일 안에 반드시 부쩍 성장한 모습을 보여드리겠습니다."

질책을 긍정적으로 받아들인다

질책을 받으면 즉시 사과하는 것이 기본이다.

거기에서 한 걸음 더 나아가, 상대방의 질책을 어떻게든 플러스로 만들기 위해 노력하는 자세를 갖추어야 한다. 이것이야말로 마음을 단련하는 매우 효과적인 방법이다.

따라서 발상 자체를 바꾸어 보자.

'질책을 받는다, 사과한다'라는 일반적인 패턴을 버리고 '질책'을 전향적이고 적극적인 감정을 가지는 데 도움이 되도록 활용하는 것이다.

'질책을 받는다'는 것은 자신이 실수를 저질렀거나 요구하는 수준으로 일을 처리하지 못했다는 의미다. 그렇기 때문에 상대방은 '질책'이라는 형식으로 당신의 수준 향상에 도움이 되는 지적을 한다. 따라서 당연히 그런 배려에 고마움을 느껴야 한다. 그리고 그런 고마움을 있는 그대로 표현해야 한다.

"미처 깨닫지 못한 부분을 지적해 주셔서 정말 감사합니다."

"이제야 무엇이 잘못되었는지 알 것 같습니다. 감사합니다."

"지적해 주신 덕분에 새삼 제 능력이 부족하다는 사실을 깨달았습니다. 앞으로 더욱 노력하겠습니다."

그리고 '질책'은 당신의 장래에 어떤 형식으로든 도움이 되는, 플러스가 되는 말이라고 받아들일 수 있다.

그런 점을 강조하면 다음과 같은 표현을 할 수 있다.

"이 실수(경험)를 결코 헛되게 하지 않겠습니다."

"지적해 주신 실수는 가슴 깊이 명심하고, 다시 재발하는 일이 없도록 노력하겠습니다."

"이 실수를 발판으로 처음부터 다시 시작하는 마음으로 최선을 다하겠습니다."

"자네가 성장하기를 바라기 때문에 이렇게 질책하는 거야!"라는 표현에서도 알 수 있듯이, '질책'에는 '격려'의 의미가 포함되어 있다. 따라서 '격려'라는 의미에 초점을 맞추고 미래 지향적인 메시지를 보내도록 하자. 이때의 포인트는 어디까지나 발전적인 자세를 보여야 한다는 것이다.

질책을 한 사람이 순간적으로, 자기가 질책을 한 것인지 격려를 한 것인지 헷갈릴 정도로 강한 답변이어도 상관없다. 밝은 말투를 사용하여 다음과 같이 표현한다.

"반드시 성장한 모습을 보여드리겠습니다."

"이대로 끝내지 않겠습니다. 더욱 신경을 써서 최대한 노력해 보이겠습니다."

"과장님의 기대에 반드시 부응하겠습니다."

"보다 큰 그릇으로 거듭나겠습니다."

그보다 더 긍정적인 표현을 한다면 이런 식이다.

"제가 좀 더 성장하기를 바라시는 것이지요?
"그만큼 제게 기대를 가지고 계시다는 뜻이지요?"
"이렇게 신경을 써 주시니 정말 감사합니다."

물론 어떤 경우에도 감사하다는 말을 반드시 추가해야 한다.
기본적으로 질책은 두 사람의 거리를 멀어지게 한다. 하지만 질책을 받는 쪽의 대응 방식에 따라 오히려 거리가 줄어들 수도 있다. 즉 마이너스를 플러스로 역전시키는 것이다. 그렇게 하면 상호 관계는 보다 유기적인 것이 된다.
질책은 당신의 감성적인 능력을 시험할 수 있는 기회라고 여기고, 질책을 해 준 상대방에게 진심으로 고마움을 표현하도록 한다.

'답변에 대한 답변'으로 감성적인 말을 단련한다

"요즘, 어때?"라는 질문에 대한 답변의 '답변'

"활력이 넘칩니다." ― "그 활력을 내게도 좀 나누어주게."

"늘 마찬가지입니다." ― "문제가 없다니 다행이군. 안심했어."

"뭐, 그냥……." ― "어? 경마에서 돈 좀 벌었다던데?"

"즐거운 일이 전혀 없습니다." ― "그래? 그럼 불고기라도 먹으러 갈까?"

"최악입니다." ― "최악이라면 이제 좋아질 일만 남았군."

답변은 본격적인 대화가 시작되는 계기

어떤 고객에게서 이런 질문을 받았다.

"말을 거는 것이 중요하다는 사실은 잘 알고 있습니다. 하지만 돌아오는 대답이 '별로…….', '그냥…….', '여전하지요.' 하는 식이면 대화를 지속하기가 어렵습니다. 이런 반응에 적절하게 대응할 수 있는 방법은 없겠습니까?"

어렵게 말을 걸었는데 아무런 감정도 없는 답변이 돌아온다면 난처하지 않을 수 없다. 그러고 보니 나도 주변에서 그런 경험을 한 적이 있다.

큰아들과 식사를 하고 있을 때의 일이다.

아버지 : "이곳 음식 맛있지?"
큰아들 : "네? 잘 모르겠는데요."
아버지 : "이 고기는 최상품이야."
큰아들 : "이 정도 가격이라면 당연하지요."
아버지 : "그럼 이 수프는 어떠냐?"
큰아들 : "글쎄요. 별로……."

대화는 더 이상 진전되지 않았다.

그래도 아버지와 아들이라는 관계 때문에 어색하지는 않지만 만약 직장 상사나 부하 직원과의 식사였다면 분위기는 상당히 어색해졌을 것이다. 아니, 상사와 부하 직원 사이에서 이런 대화가 이어지면, 답변과 답변이 연속적으로 이어지기는커녕 오히려 화만 치밀어 오를 것이다.

실제로, 앞에서 소개한 질문을 던졌던 고객의 이야기에 의하면, 상사가 부하 직원의 "글쎄요, 별로……."라는 답변에 불같이 화를 냈다고 한다.

"신경 써서 물어보았는데 글쎄요, 별로가 뭐야? 예의도 모르는 사람이군."

그 뒤 두 사람의 관계는 악화되었고, 상사는 그 직원에게 더 이상 말을 걸지 않게 되었다. 따라서 이런 '답변에 대한 답변'으로는 어떤 표현이 적절한지를 잘 알아둘 필요가 있다.

우선 대응하기 쉬운, 상대방이 긍정적으로 답변했을 경우부터 생각해 보자.

예를 들어, 당신이 "오늘도 활기가 넘쳐 보이는데."라고 말을 걸었을 때, 상대방이 "네. 활력이 넘칩니다."라고 대답했다고 하자.

그 말에 당신은 어떻게 대응할까? 일반적으로는 다음처럼 답변하지 않을까?

"그래, 다행이야. 힘 내!"

"좋았어. 그 말을 듣고 보니 나도 힘이 넘치는 것 같군."

만일 여기에다 약간의 변화를 주어 답변을 한다면 대화는 자연스럽게 이어질 것이다.

"좋았어. 그 활력을 내게도 좀 나누어주는 게 어때?"

"좋아. 오늘은 모든 계약이 잘 이루어지겠는데!"

"알았어. 멋진 결과를 기대할게."

나아가 대화를 적극적으로 전개하고 싶다면 이렇게 표현한다.

"그래? 무슨 좋은 일이라도 있나?"

"그래? 그 비결 좀 가르쳐 주겠나?"

"그래? 복권에라도 당첨된 거야?"

이처럼 질문을 하는 형식을 취하면 상대방의 말을 이끌어 내기 쉽기 때문에 대화가 순조롭게 진행된다.

"네, 활력이 넘칩니다."라는 긍정적인 대답이 나온다면 이 답변을 도화선으로 삼아 자연스럽게 대화를 전개해 나갈 수 있다. 한 마디씩 주고받는 대화와 비교하면 친밀도는 훨씬 높아진다. 상대방의 감정에 대해서도 세밀하게 이해할 수 있고, 감정에 맞는 대화를 전개해 나갈 수 있다.

시큰둥한 대답에 대응하는 방법

한편 답변하기 어려운 경우는 상대방이 맥 빠지는 탄응을 보였을 때나 부정적인 대답, 이쪽을 불쾌하게 만드는 대답을 했을 경우다.

앞에서도 이야기했지만 이런 경우는 정말 많다.

실제로 돌아오는 대답은 대부분 "별로…….", "뭐, 그냥……." 등이다.

예를 들어 "요즘, 어때?", "활력이 넘쳐 보이는데."라고 말을 걸었는데 "글쎄요, 별로……."라는 식의 맥 빠지는 반응이 돌아왔다고 하자.

이런 경우, 어떻게 대응해야 할까. 지금부터 소개하는 내용은 모두 필자가 실제로 사용하고 있는 표현들이다.

① 맥 빠지는 답변이 돌아왔을 때

"요즘 어때?"→ "글쎄요, 별로……." → "그래? 문제가 없다니 다행이군. 안심했어."

"요즘 어때?"→ "늘 마찬가지입니다." → "그래? 다행이야. 안정적인 게 가장 좋은 거야."

▶▶ 아무 일도 없는 것이 최고라고 생각한다.

② 반대로, 질문을 받았을 때

"요즘, 어때?"→ "네? 뭐가요?"→ "경마에서 돈 좀 벌었다던데?", "얼마 전에 단란주점에서 실력 좀 보였다던데?", "경품에 당첨됐다면서?"

제1장에서, 말을 걸 때는 어떤 소재를 삼아도 상관없다고 설명했다. "네? 뭐가요?"라는 질문을 받았을 때도 마찬가지다.

무엇인가 알고 있는 사실이어도 좋고, 단순한 짐작이라도 상관없다. 상대방이, "아닙니다. 그런 적 없습니다."라고 대답한다면 이렇게 답변하면 된다.

"그래? 다른 사람인가? 어쨌든 가끔은 스트레스도 푸는 게 좋아."

▶▶ 질문을 받으면 관계 없는 이야기로 답변한다.

③ 불평을 하는 듯한 답변이 돌아왔을 때

"요즘, 어때?" → "즐거운 일이 전혀 없습니다." → "그래? 그럼 불고기라도 먹으러 갈까?"

이런 식으로, 격려의 의미가 담긴 말로 대응한다. 이와 비슷한 표현은 여러 가지가 있다.

"그래? 그럼 한 잔 하러 갈까?"

"좋아. 그럼 오늘 3차까지 달리자!"

"그럼 당구 한 게임 어때?"

만약 상대방이 "그럴 시간은 없습니다." 라고 대답한다면 다음과 같이 대응한다.

“그래? 알았어. 하지만 내 마음만은 받아 주게.”

“좋아. 그럼 내일 가자고!”

▶▶ 의욕을 느낄 수 있는 답변을 한다.

④ 부정적인 답변이 돌아왔을 때

“요즘 어때?” → “엉망입니다.” → “그래? 나도 엉망이야.”

부정적인 답변이 돌아올 때에는 이쪽이 상대보다 더 힘들다는 점을 어필한다. 농담을 하는 듯한 마음으로 자신을 비하시키는 것이다.

“나는 늘 이렇게 엉망이라니까.”

“앞으로 나를 세상에서 가장 힘든 사람이라고 불러 주게.”

▶▶ 부정적인 답변에는 더욱 부정적인 답변으로 대응한다.

⑤ 바쁘다고 한탄하는 답변이 돌아왔을 때

“요즘, 어때?” → “바빠서 정신이 없습니다.” → “뭐야? 그렇다면 나를 추월하겠다는 건가?”

일이 바쁘다는 것은 행복하다는 뜻이다. 그런 사람에게는 상대방이 예상하지 못한, 실적이나 지위를 내세워 대응한다.

“사장 자리를 노리고 있는 것 아닌가?”

“이제 곧 사내에서 넘버원이 되겠는데.”

이런 대응에 상대방이 “아닙니다. 무슨…….”이라는 식으로 반론을 제기하면 다음과 같이 대응한다.

"괜찮아. 자네는 잘할 거야."

"파이팅 해! 내가 응원해 줄게!"

▶▶ "그렇다면……."을 넣어 대화를 전개한다.

기대하는 만큼 좋은 반응이 돌아오지 않는 경우에도 이처럼 다양한 대응을 할 수 있다.

밝은 대화는 주변까지 밝게 만든다

짧막한 대화는 단순한 인사로 받아들여지기 때문에 주위 사람도 특별한 관심을 보이지 않지만 답변에 답변이 이어지면 대화가 성립되기 때문에 주위 사람들도 그 내용에 주의를 기울인다.

"안녕하세요?"

"네. 안녕하세요!"

이 정도라면 아무도 신경을 쓰지 않는다. 하지만 그 이후에 다음과 같이 대화가 전개되면 사람들은 자기도 모르게 그 내용에 귀를 기울이게 된다.

"오늘 A고객과의 계약 건, 어떻게 됐나?"

"자료는 모두 준비해 두었습니다."

"그럼 그 자료를 검토해 보도록 하지."

두 사람이 어떤 대화를 나누는지, 좋은 대화인지 나쁜 대화인지, 두 사람의 관계가 양호한 것인지 어색한 것인지 알고 싶어 하는 것이다.

따라서 밝은 대화를 나누면 주위의 분위기도 밝은 쪽으로 바뀐다. 그러니까 의식적으로 밝은 대화를 나눌 수 있는 답변을 할 수 있도록 신경을 쓰자.

롤 플레잉으로
상대방의 감정을
이해한다

'역할 연기'라고 번역되는 롤 플레잉(role playing)이라는 학습법은 여러 사람이 각각 다른 역할을 연기, 의사 체험을 통해 현실에 대처하는 방법을 배우는 것이다.

예를 들어, 한 사람이 고객이 되고 다른 사람이 영업사원이 되어 상담을 한다는 설정으로 자유롭게 대화를 주고받는 과정을 통해 상담을 바람직한 방향으로 끌고 가는 방법을 배울 수 있다.

자신의 실제 모습과 다른 역할을 맡게 되면 그 입장에 서 있는 사람의 감정을 이해할 수 있다. 남성이 여성을 연기하면, 남성에게서 어떤 말을 들었을 때 어떤 느낌이 드는지 이해할 수 있다. 상사가 부하 직원을 연기하면 부하 직원의 마음을 이해할 수 있게 된다. 즉 '상대방의 감정을 이해한다.'는 EQ의 기본을 단련할 수 있다.

롤 플레잉에서는 무엇을 어떻게 이야기하든 자유이기 때문에 상대방에게서 어떤 말이 돌아올지 알 수 없다. 예상도 하지 못한 말이 돌아오더라도 어떻게든 대응을 해야 한다. 그 때문에 임기응변적으로 대응하고 답변하는 기술이 향상된다.

이런 효용이 있기 때문에, 나는 무엇인가 문제가 발생할 때마다 직원들과 자주 롤 플레잉을 한다. 그 과정을 통해 해결의 실마리를 발견하는 경우도 많다.

롤 플레잉은 일반적으로 여러 사람이 역할을 분담하여 진행하지만 혼자서도 할 수 있다. 혼자서 1인 2역으로, 상대방의 입장을 생각하고 상대방이 이런 말을 할 것이라고 예상, 대화를 성립시키는 것이다.

이때는 반드시 그 대사를 노트에 기록해야 한다.

머릿속으로 생각하는 것만으로는 1, 2회 정도의 답변으로 끝나 버린다. 이래서는 실제 상황과 동떨어진 대화만 하게 된다. 하지만 문자로 기록하면 앞에서 했던 대사를 확인할 수 있기 때문에 복잡한 대화가 가능하다. 드라마의 시나리오를 쓴다는 생각으로 실행하면 된다.

나도 이사회나 영업 회의에 참석하기 전에는 예상할 수 있는 4가지 정도의 대화를 가정하고 노트에 기록해 둔다. 실제 상황에서 미리 가정했던 대로 대화가 진행될 경우에는 예상이 적중했다는 생각에 충족감도 맛볼 수 있다. 물론 대응도 자연스러워진다.

대화 내용을 기록하는 것은 처음에는 성가시게 느껴질 수도 있지만 되풀이하다 보면 자연스럽게 익숙해진다. 상대방이 무슨 말을 할지 예상한다는 것은 상대방의 감정을 읽는 고도의 감성 개발 훈련이기도 하다.

말은 감정이 충만한 데서 나온다.

— 세르반테스

제5장

칭찬에도 때가 있다
상대의 감정을 배려하며
칭찬하라

기업의 임원급 관리자들을 대상으로 하는 기업 연수회에서 강연을 할 때 내가 참석자들에게 반드시 부탁하는 말이 있다. 바로 '부하 직원을 칭찬하라.'는 것이다.

그러면 틀에 박힌 듯한 대답이 돌아온다.

"나는 이제까지 칭찬을 받아 본 적이 없습니다."

"의욕은 스스로 만들어 내는 것입니다."

"칭찬하는 데 서툴러서 그게 쉽지 않습니다."

"칭찬을 하려면 왠지 쑥스러운 생각이 들어서……."

그들의 대답을 듣고 다시 묻는다.

"칭찬을 받으면 기분이 어떻습니까?"

그러면 "그야 당연히 기분이 좋지요."라고 대답한다.

사람은 누구나 칭찬을 받고 싶어 한다. 예나 지금이나 남녀노소를 가리지 않고 칭찬을 받으면 기분이 좋다.

그런데 칭찬을 할 때도 신경을 써야 할 점이 있다. 같은 말만 되풀이하여 사용하면 기계적인 칭찬 또는 말뿐인 칭찬이라는 의심을 받게 되어 그 효과를 기대하기 어렵다. 늘 "잘했어."라는 칭찬만 한다면 상대방은 점점 칭찬을 받고 있다는 기분을 느끼지 못하게 된다.

최근에 어느 기업의 신입사원들과 대화를 나눌 기회가 있었다. 그중한 사람에게 칭찬에 관하여 질문을 던져 보았다.

"상사가 자주 칭찬해 줍니까?"

"네. 늘 '잘했어.'라고 말씀해 주십니다. 그래서 그분의 별명이 '잘했어'지요."

아무래도 그 부장의 칭찬을 틀에 박힌 칭찬, 말뿐인 것으로 여기는 듯했다. 이처럼 매일 같은 말로 칭찬을 하면 상대방은 칭찬을 받고 있다는 기분을 느낄 수 없다. 따라서 상대방에 따라, 칭찬 내용에 따라 방법과 표현을 바꾸어야 한다. 다양한 방법과 표현을 미리 준비해 두면 상대방의 마음에 닿을 수 있는, 그때그때의 상황에 가장 적합한 칭찬을 할 수 있다.

그런데 무조건 칭찬만 한다고 좋은 것은 아니다. 지나친 칭찬은 때로 혐오스럽게 받아들여지기도 한다. 칭찬을 할 때는 상대방의 감정이 어떠한 상태인지를 이해하는 것이 무엇보다 중요하다.

사람마다 컨디션이 나쁠 때가 있고 일에 집중하고 있어서 심리적인 여유가 없을 때도 있다. 그럴 때에는 아무리 진심을 담아 칭찬해도 효과를 기대하기 어렵다.

'칭찬받고 싶어 할 때 칭찬하라.'

이것이 상대방의 마음에 다다르는 칭찬을 하는 포인트다. 당신은 칭찬과 관련된 표현법을 얼마나 준비해 두고 있는가. 노트에 한번 정리해 보자.

칭찬받고 싶어 하는 타이밍을 맞춘다

상대방의 장점을 있는 그대로 말해 준다

— "감동했어!", "감격했어!", "멋진 프레젠테이션이었어. 정말 감동했어!"

상대방의 성공을 함께 기뻐해 준다

—"그래? 정말 잘됐다!", "세상에! 축하해!"

사극의 주인공이 된 듯한 기분으로 한 마디

— "역시 훌륭하네!", "장하구만!"

느낀 그대로의 감동을 솔직하게 표현한다

"고통을 이겨내고 최선을 다해 우승을 거머쥔 모습이 정말 훌륭했습니다. 감동했습니다. 축하합니다!"

일본의 고이즈미 전 수상이 2001년 일본 전통 씨름 대회 우승자인 다카노하나(貴乃花)에게 상을 수여하면서 한 말이다.

다카노하나는 전날 무릎 부상을 당했지만, 고통을 참고 출전하여 멋지게 우승을 거머쥐었다. 고이즈미 총리는 그 점을 높이 평가한 것이다. '칭찬'과는 의미가 약간 다르지만 솔직한 마음을 있는 그대로 표현한 말로 많은 사람들의 인상에 남았다.

상대방의 멋진 활약을 보았을 때 그 감동을 있는 그대로 전하면 상대방의 마음에 닿는 칭찬이 된다.

영화나 음악을 칭찬하듯 자신이 느낀 감동을 있는 그대로 표현하여 칭찬하는 것은 상대방을 정말 높이 평가한다는 마음을 전하는 가장 강력한 한 마디다.

상대방 역시 그런 말을 들으면 진심으로 기뻐하게 된다.

"내가 한 일이 이렇게 다른 사람을 감동시켰다니……."

"나는 사람을 감동시킬 정도로 훌륭한 일을 한 거야."

그리고 정확하게 '무엇에' 감동했는지 그 내용도 첨가하면 더욱 다양한 방법으로 칭찬을 할 수 있다.

"멋진 프레젠테이션이었어. 정말 감동했어."

"그렇게 수준 높은 기획을 하다니 . 정말 훌륭했어."

"자네의 활약은 누구도 따라갈 수 없을 거야. 실적을 보고 소름이 돋을 정도였다니까."

이런 식으로 구체적인 내용을 열거하면서 칭찬을 하면 평소에는 쑥스러워서 표현하기 힘든 말이라도 상대방의 마음을 울리는 강력한 메시지로 전달될 수 있다.

부드럽고 참신한 칭찬 표현

발상이 유연하면 보다 다양하게 칭찬을 할 수 있다. 영화나 텔레비전에서 자주 사용되는 말을 응용하는 것도 좋은 방법이다.

예를 들어, "장하다!"라는 표현은 사극에서 흔히 들을 수 있는 대사다. 전장에서 지휘관이 공을 세운 부하에게 엄숙한 목소리로 '장하구나!' 하는 칭찬 한 마디는 단순히 '잘 싸워 이겼다.'는 의미를 넘어서는 감동이 있다. 시대가 달라졌지만 이 '장하다!'는 말은 '잘했다!', '대견하다!'라는 의미를 한층 강하게 전달하는 칭찬법으로 사용할 수 있다.

- 설득하기 어려운 상담 상대와 계약을 체결한 직원에게 — "참 장하다!"
- 골치 아픈 문제를 멋지게 해결한 사람에게 — "이럴 수가! 역시 듬직하군. 장해!"

중년이 지나면서 역사극이나 역사 소설을 즐기는 사람이 늘고 있다. 그런 측면에서 본다면 '장하다' 류의 옛스럽고 엄숙한 표현이 오히려 친근하게 느껴질 수도 있다. 동년배를 칭찬할 때 사용한다면 익살스러움과 유머 감각이 느껴져 분위기를 화기애애하게 만들 수도 있을 것이다.

'장하다.'와 비슷한 표현으로 '비범하다.' 즉 '평범한 사람이 아니다.'가 있다. 이 표현은 다음과 같이 사용할 수 있다.

"이렇게 멋진 아이디어를 잇달아 제안하다니, 역시 비범해!"
"내가 지켜 본 바, 자네는 비범한 사람이군!"

'비범하다' 는 '보통사람보다 훨씬 우수하다' 는 의미로, '훌륭하다', '장하다' 보다 한 단계 더 진보한 칭찬의 표현이다. 칭찬을 받는 사람은 개별적인 성과에 관해 칭찬을 받을 때브다 훨씬 더 기분이 좋아진다.

'칭찬할 때 사용하는 말' 이라는 관점으로 상상력을 동원하면 다양하고 참신한 표현들을 얼마든지 발견할 수 있다.

예를 들면 '의리파' 라는 표현도 그 가운데 하나다.

"우리 회사의 의리파 영업사원 ○○○씨입니다."

상사가 이런 식으로 소개해 준다면 정말 기분이 유쾌해지지 않을까?

칭찬과 관련된 표현을 다양화한다

'○○ 최고'라는 표현으로 다양성을

"역시 ○○지역 최고의 영업 능력이야."

"이거 대단한데. 이 실적이면 ○○구 최고에서 ○○시 최고로 올라설 수 있겠군."

"그런 것까지 배려하다니! 역시 다른 사람을 배려하는 마음은 세계 최고야. 믿음직해!"

'○○의 천재'라는 표현으로 다양성을

"자네 책상은 언제 보아도 깨끗하게 정리가 되어 있어. 역시 자네는 정리정돈의 천재야."

"이번에 또 기막힌 이벤트를 기획했다면서? 역시 판촉의 천재야."

표현력을 늘리는 가장 빠른 방법은 응용을 다양하게 할 수 있는 말을 찾는 것이다.

그 가운데 하나가 '전국 최고!'라는 말이다.

약간은 고루한 느낌이 드는 상투적인 말이지만 여기에 약간의 변화만 주면 참신한 표현을 만들 수 있다.

굳이 '전국'이 아니어도 된다. 크게는 '세계 최고!', '우주 최고!'로 바꿀 수도 있고, 작게는 '○○동 최고!', '○○리 최고!'로도 바꿀 수 있다.

나는 직원을 칭찬할 때, 회사가 신주쿠에 있기 때문에 '신주쿠 최고'라는 표현을 사용한다.

지역이나 범위만 살짝 바꾸어 주면 다양성은 매우 커진다. 게다가 그 넓이와 크기로 비교할 수 있다는 점도 편리하다.

'○○동 최고'에서 시작해서 '○○구 최고', '○○시 최고', 나아가 '전국 최고', '세계 최고', '우주 최고'라는 식으로 범위를 확대해 나갈 수 있다. 지역을 세분화한다면 다양성은 더욱 증가할 것이다.

이러한 순서로 칭찬의 강도를 높여 나갈 수 있다. 예를 들어 '○○동 최고'에서 뛰어난 성적을 낸다면 '전국 최고'로 등급을 높여 버린다. 그러면 칭찬을 받은 사람의 만족도는 훨씬 커진다.

영업 실적은 매우 좋을 때도 있고, 좋기는 하지만 지난번과 비교했을 때 뒤떨어질 때도 있다. 따라서 "대단해. 자네는 ○○시에서는 최고야!" 라고 칭찬했는데 다음 달에 그보다 실적이 조금 내려갔다면 다음과 같은 식으로 변화를 줄 수 있다.

"이번 달에는 좀 아쉽군. 이 정도면 ○○구 최고라고 할 수 있겠어. 다음 달에는 다시 ○○시 최고의 실력을 보여 주게."

또 반드시 '최고'가 아니라 '2위', '3위'를 사용하면 다양성은 더욱 증가한다.

"잘했어. 이것으로 ○○동 최고에서 ○○구 3위로 급상승이야."

"이 정도면 ○○시 3위는 될 거야. 내가 보기에 자네라면 틀림없이 1위도 할 수 있을 거야."

누구나 '1위'라는 평가를 받으면 기분이 좋아진다.

'○○동 최고', '○○시 최고'라는 식의 표현은 추상적인 것이기 때문에 칭찬을 받은 사람이 의문이나 불만을 품을 여지가 없다. 오직 '당신을 칭찬하고 싶다.'는 메시지만 확실하게 전해질 뿐이다.

이와 같은 칭찬 방식은 지금 당장 사용할 수 있는 표현이다. 회사에서나 가정에서 반드시 활용해 보기 바란다.

📢 '당신은 천재'라는 말로 특정 내용을 칭찬한다

'천재', '수재'라는 말을 이용한 칭찬도 있다. 누구나 알고 있는 이해하기 쉬운 말은 상대방의 마음에 받아들여지기도 쉽다.

"역시 자네는 상품 관리에 있어서는 정말 천재야!"
"역시 리포트 작성의 천재라는 말을 들을 만해."

이것은 '○○의 천재(수재)'에서 '○○'에 해당하는 부분을 바꾸어 주는 것만으로 매우 다양하게 활용할 수 있다.

- 대량의 복사물을 빠른 시간 안에 처리한 직원에게 —"벌써 다 했어? 자네는 역시 복사의 천재야."
- 전화 상담 능력이 뛰어난 직원에게 —"옆에서 듣고 있기만 해도 기분이 좋아지는군. 자네는 전화 상담의 천재야."

구체적인 분야를 명시해 주면 "자네는 역시 천재야!"라는 막연한 표현과 비교했을 때 훨씬 더 구체적이고 세밀한 칭찬이 된다. 칭찬을 받는 사람의 입장에서 보면, 자신이 잘하는 부분을 이해하고 칭찬해 주는 것이므로 기쁨은 두 배가 된다.

'천재(수재)'라는 말과 비슷한 느낌을 주는 표현으로 명인·

달인 · 거장 · 최고 실력자 · 금메달리스트 등을 사용할 수 있다.

"자네는 회의할 때나 잡담을 나눌 때나 멋진 결론을 내리는
데에는 정말 명인이야."
"멋진 접근이었어. 자네는 전화 상담 분야에서는 최고의 달인
이야."
"내일 프레젠테이션은 자네가 담당한다면서? 드디어 최고 실
력자가 등장하는군. 기대하겠네."
"그렇게 다양한 제안을 할 수 있다니, 자네는 정말 금메달리
스트이야!"

각각의 표현에 따라 뉘앙스에 차이가 있으므로 그 차이를 적
절하게 살려서 활용해 보자.

상대방을 관찰할수록
칭찬의 종류가 늘어난다

칭찬의 4가지 패턴

그 사람의 전체를 칭찬한다

— "자네는 정말 성격이 좋아. 그래서 사람들이 좋아하나 보군."

그 사람의 일부를 칭찬한다

— "자네는 모르는 게 없군. 그야말로 걸어다니는 백과사전이야."

변화된 부분을 칭찬한다

— "지난 4,5년 동안 실력이 상당히 늘었더군. 보고서를 보면 알 수 있지."

변화하지 않은 부분을 칭찬한다

— "미소를 잃지 않는 아침인사는 예나 지금이나 여전하군. 입사 이후 줄곧 그런 자세를 유지할 수 있다니 정말 대단해."

칭찬의 기본은 대상을 세밀하게 관찰하는 것이다. 상대방을 잘 관찰하고, 그의 장점, 칭찬할 만할 점을 발견하는 것이 칭찬의 출발점이다.

상대방에 대해 이해한다는 것은 감성 활용에서 매우 중요한 일이다. 그 사람의 장점을 확실하게 파악하지 못한 상태에서 함부로 칭찬을 한다면, 상대방은 '말뿐인 칭찬'이나 '단순한 입발림'으로 받아들이기 쉽다. 그렇게 되면 '그래. 나는 역시 칭찬을 받을 만한 사람이 못 돼.', '내가 한 일은 평가를 받을 만한 일이 아니었나 봐.' 하는 식으로 생각하게 되어 자신감을 잃을 가능성도 있다.

칭찬할 점은 얼마든지 있다. 금방 찾아내기가 어렵다면 여러 각도에서 세밀하게 관찰해 보면 된다.

카메라에 비유한다면 줌 인(zoom in)과 줌 아웃(zoom out), 위치 변경, 높이 조절 등을 해 보는 것이다. 그렇게 하다 보면 관점에 따라서 칭찬할 만한 부분은 참으로 다양하다는 사실을 알 수 있다. 또한 이런 관찰을 통해서 상대방을 보다 더 이해할 수 있을 것이다.

한 걸음 물러나 상대방의 전체를 칭찬한다

　다양한 관점에서 상대방을 관찰하는 일은 칭찬의 종류를 늘리는 데 도움이 된다. 한 걸음 물러나서 카메라를 줌아웃하면 그 사람의 전체적인 모습이 들어온다.

　구체적으로는 그 사람의 성격, 능력, 태도 등을 보고 다음과 같은 식으로 칭찬할 수 있다.

　"자네는 무슨 일이든 확실하게 처리하는 사람이야."(성격)

　"어떤 일을 담당하든 말끔하게 마무리 짓는 데는 놀라지 않을 수 없어."(성격)

　"자네는 항상 온화한 미소를 잃지 않으니까 다른 사람들과 협조적으로 일을 처리할 수 있는 것 같아."(태도)

　이런 칭찬은 상대방과의 지속적인 관계 속에서 자연스럽게 흘러나올 수 있는 것으로, '나는 당신을 전부터 줄곧 지켜보고 있다.', '나는 늘 당신에게 신경을 쓰고 있다.' 는 메시지를 전할 수 있다. 그것을 인식한 상대는, 당신에 대해, 항상 자기에게 관심을 보여 주는 사람이라고 받아들여 호감이 증가한다.

상대방에게 카메라를 가까이 대고 줌 인 하면 상대방의 일부분을 클로즈업할 수 있다. 그럴 경우 특별히 눈에 띄는 능력을 칭찬할 수 있다.

"조사하는 능력이 탁월해."

"기억력이 좋아."

"아이디어맨이야."

이 경우, 상대방이나 주위 사람들이 미처 예상하지 못한 부분을 칭찬하면 더욱 인상이 강해진다.

예를 들어, 주위 사람들로부터 '털털한 사람'이라는 평가를 받고 있고 스스로도 그렇게 생각하고 있는 사람이 책상 서랍은 항상 깨끗하게 정리해 둔다고 하자. 어떤 계기로 그 사실을 알게 되었다면 느낀 그대로 말해 준다.

"자네의 책상 서랍은 늘 깨끗하게 정리되어 있어서 보기 좋아."

이것만으로도 멋진 칭찬이 된다. 당사자가 예상하지 못한 부분, 깨닫지 못한 부분을 칭찬받으면 놀라움과 함께 감탄을 하게 된다.

'이 사람은 이 정도까지 내게 신경을 쓰고 있구나.'

'꽤 세밀한 부분까지 신경을 써 주는 사람이야.'

그 결과 당신에 대한 신뢰감도 증가한다. 그리고 '그래. 이왕이면 책상 위도 깨끗하게 정리할 수 있도록 노력하자.'는 의욕도 느낀다. 의외성이 의욕을 높여 주는 것이다.

칭찬 내용이 구체적이고 상세할수록 보다 더 강한 인상을 심어줄 수 있다. 그런 칭찬을 하려면 평소에 그 사람을 관찰하는 자세를 갖추어야 한다.

📣 오랫동안 알고 지낸 사람에게 해 줄 수 있는 2가지 칭찬법

오랫동안 만나온 사람을 칭찬할 수 있는 소재를 찾는 경우, 시간 경과, 나이, 경험의 축적에 의해 변화한 부분뿐만 아니라, 변하지 않는 부분에도주목허야 한다. 두 가지 측면에서 바라보면 관찰은 보다 세밀해지기 때문이다.

변화된 부분을 칭찬하는 경우라면 '전보다 훨씬 성장했다.', '점점 성장하고 있다.'는 식의 표현을 쓴다.

"이제 제대로 실력이 붙었는데."
"이제 안심하고 지켜볼 수 있게 되었어."
"이제 마음 놓고 일을 맡길 수 있게 되었어."

이것은 상대방의 변화와 성장을 칭찬하는 것이다.

구체적인 능력이나 성과에 초점을 맞추어, '팀을 이끌 수 있는 존재가 되었다.', '보고서의 내용이 충실해졌다.', '실수를 하지 않게 되었다.'는 식으로 칭찬하면 단순히 '성장했다.'는 막연한 칭찬보다 훨씬 효과적이다.

칭찬을 받는 쪽에서는 자신의 노력, 파이팅, 의욕, 향상심이 어떤 성과로 열매를 맺고 평가를 받는지 명확하게 알 수 있기 때문에 그만큼 강한 인상을 느낀다.

사람은 시간을 두고 지속적으로 변화함과 동시에 어떤 일을 계기로 급성장하는 경우가 있다. 이때는 급성장을 이루는 계기가 된 사건을 확실하게 거론해 주는 것이 포인트다. 그 계기를 확실하게 파악하고 칭찬을 한다는 사실을 상대방에게 전달하는 것이다.

"어려운 일이었는데 잘했어. 그 일로 크게 성장한 것 같아."

"지방으로 내려가서 실력이 줄어들 줄 알았더니 오히려 부쩍 성장해서 돌아왔군. 축하해."

"마침내 재능이 꽃을 피우기 시작했어. ○○부서로 옮기기를 잘한 것 같아."

한편 변하지 않는 부분을 칭찬하려면 어떻게 해야 좋을까. 칭찬 대상은 끈기, 성실함, 지속력, 인내심, 변하지 않는 일관성 등이다.

이 경우에도 역시 구체적인 사항을 첨부하여 칭찬하는 것이 좋다.

"자네는 어떤 지시를 내리면 반드시 메모를 하는군. 입사한 이후, 지금까지 변하지 않는 장점이야."

"자네의 의견은 일관적으로 고객 지향, 고객 중시인 것 같아. 변함이 없는 일관적인 모습이 정말 보기 좋네."

"자네가 매일 아침마다 청소를 해 주는 덕분에 모두 쾌적한 환경에서 일을 하고 있어. 고맙네."

변하지 않는 부분은 변화하는 부분에 비해 눈에 드러나지 않는 경우가 많다. 주목을 받지 못하기 때문에 칭찬 받는 쪽에서는 더욱 감격한다.

'변하지 않는 것'에 좀 더 눈길을 줄수록 칭찬거리는 더욱 증가한다.

유명인의 이름을 적극적으로
활용한다

좋은 기획안을 낸 사람에게

―"그렇게 기발한 아이디어를 낼 수 있다니, 자네는 우리 회사의 레오나르도 다빈치야."

항상 세련된 복장에 깨끗한 인상을 보이는 사람에게

―"자네를 만나면 올랜도 블룸도 맨발로 도망칠 거야."

잇달아 신규 사업을 개척하고 있는 사람에게

―"칭기즈 칸이 따로 없어. 우리 업계를 완전히 정복할 것 같은데. 이제 자네에게 맞설 적은 없을 거야."

배우 · 스포츠맨 등 구체적인 유명인에 비유하여 칭찬한다

얼굴을 본 적이 없는 사람에 대해 설명을 할 때, 아무래도 감이 잡히지 않으면, "탤런트 누구와 닮았어?" 하고 묻거나 "가수 ○○○와 비슷하게 생겼어." 하고 대답하는 경우가 있다.

실제로 만나 보면 예를 들었던 탤런트나 가수와는 별로 닮지 않은 경우가 많지만, 탤런트 같은 유명인과의 비유는 모르는 대상을 상상할 수 있는 단서가 된다.

이 방법을 사람을 칭찬할 때도 이용할 수 있다. 예를 들면 다음과 같다.

- 연구 부서에서 최대한 두뇌를 활용하며 일을 하는 사람에게 — "아인슈타인이 부활한 것 같아."
- 매일 외근으로 정신 없이 바쁜 사람에게 — "톰 크루즈도 울고 가겠어."
- 컴퓨터 활용 능력이 매우 뛰어난 사람에게 — "빌 게이츠에 뒤지지 않는 실력이야."

다소 허풍스럽게 들릴 수도 있지만 이것이 칭찬이라는 느낌은 상대방에게 확실히 전달된다.

이 방법은 유명인의 수만큼 다양한 칭찬을 할 수 있다는 장점이 있다. 유명인, 칭찬하는 내용, 그리고 상대방의 캐릭터 이렇게 삼박자가 맞으면 최고의 칭찬이 된다. 칭찬을 듣는 당사자는

"설마 그 정도까지야……."라며 멋쩍어 하면서도 기분이 좋아진다. 상대방이 예상하지 못한 멋진 사람을 예로 든다면, 당신은 그런 칭찬을 해 준 사람이라는 강한 인상으로 남을 수도 있다.

상대방이 영업 분야에서 일한다면 겉모습이 멋진 영화 배우에, 연구 개발 담당자거나 기술을 담당하는 사람이라면 유명한 과학자에, 기획 담당자라면 발명가(에디슨 등)에 비유한다. 비유하는 인물에 대한 자세한 지식은 없어도 된다.

언젠가 회의 시간에 멋진 아이디어를 낸 직원에게, "피타고라스에 뒤지지 않는 훌륭한 발상이야."라고 칭찬을 해 준 적이 있다. 그랬더니 그 직원이 "피타고라스가 어떤 인물인지 알고 계십니까?" 하고 반문을 해 오는 것이었다.

나는 모르는 척, 다음과 같이 잘라 말했다.

"대단한 사람이라는 것 정도는 알고 있지. 자네도 그 정도로 대단하다는 뜻을 전하고 싶었네."

결국 첫 번째의 칭찬과 두 번째의 설명으로 한 번에 두 번의 칭찬을 한 결과를 낳았다. 피타고라스에 비유한 것이 올바른 것이었는가 하는 문제와는 관계없다. 이 정도의 칭찬을 해 준다면 상대방에게 불만은 없을 테니까.

비유가 약간 빗나가더라도, 그 때문에 상대방이 반발해 오더라도, 유명인의 이름을 이용하여 칭찬하면 이쪽의 마음은 충분히 전달할 수 있다.

칭찬에는 기분 좋게 보답한다

"이번 기획은 대성공이었어."라는 칭찬을 받았다면

허풍스럽게

― "그렇게 칭찬해 주시니 하늘로 날아올라갈 것 같습니다."

발전적으로

― "그 말씀을 들으니 더욱 의욕이 끓어오릅니다. 다음에는 더 분발해 보이겠습니다."

보답하는 마음으로

― "감사합니다. 평생, 과장님을 따르겠습니다."

어리광을 부리며

― "감사합니다. 칭찬 좀 더 해주십시오. 갑자기 자신감이 끓어오릅니다."

칭찬을 받으려면 칭찬에 익숙해져야 한다

이번 장에서는 상대방의 마음에 다다르는, 마음을 움직이는 여러 가지 '칭찬하는 법'을 소개했다. 글을 읽으면서 새삼 '다른 사람을 칭찬한다는 것은 어려운 일'이라고 생각하게 된 분도 많을 것이다.

확실히 그렇다. '칭찬을 하고 싶어도 칭찬할 만한 부분을 찾을 수 없다.', '굳이 입 밖으로 표현하기에는 쑥스럽다.' 는 등 다양한 이유가 있을 수 있다.

그런데 또 한 가지, 칭찬하기가 어려운 요인이 있다. 그것은 바로 칭찬을 받는 사람의 반응이다.

당신은 칭찬을 받았을 때 어떻게 행동하는가.

"감사합니다." 라고 말하면서 머리를 숙이거나, 가볍게 미소를 짓거나, "아닙니다, 원 별 말씀을 다……." 하면서 겸손한 태도를 보이는 정도가 아닐까.

그중에는, "아, 네에, 제가 지금 좀 바빠서……." 라는 식으로 쑥스러워하면서 자리를 피하는 사람도 있다.

굳이 칭찬을 듣지 않아도 스스로 잘 알고 있다고 생각하는 것일까. 아니면 무의미한 이야기는 나누고 싶지 않다고 뜻일까…….

어쨌든 이런 반응밖에 돌아오지 않는다면 칭찬을 한 사람은 보람을 느낄 수 없다.

칭찬을 했는데 무시하는 듯한, 별 관심이 없는 듯한 반응을 보이는 것은 칭찬을 한 사람에 대한 결례다. 칭찬을 해 준 사람은 상대방에 대한 인식이 바뀌게 되고, 극단적인 경우에는 '칭찬 공포증'에 걸리기도 한다.

칭찬을 받으면 당연히 기분이 좋다. 자신의 가치와 능력을 인정받았기 때문에 자존심이 충족되고 칭찬을 해 준 사람에게 친근감과 신뢰감을 느낀다. 겉으로 기분을 잘 드러내지 않는 사람조차도 마음속으로는 기뻐할 것이다.

칭찬을 하고 칭찬을 받는 기회가 많을수록, 두 사람간의 심리적 거리는 줄어든다. 그렇기 때문에 칭찬을 하는 방법뿐 아니라 칭찬을 받는 방법도 알고 있어야 한다.

칭찬을 한 사람까지 기분이 좋아지도록, 앞으로도 더욱 칭찬해 주고 싶다는 마음이 들도록, 칭찬을 받으면 반드시 보답을 하자.

칭찬에 대해 보답하는 첫걸음은 "감사합니다.", "그렇게 말씀해 주시니 정말 기분이 좋습니다."라는 식으로 감사의 마음과 기쁨을 솔직하게 말로 표현하는 것이다.

"정말 감사합니다."

"기분이 참 좋군요."

이런 식으로 그 정도를 표현하는 말을 사용하면 당신의 기쁜 마음은 보다 강하게 전달된다.

🔊 칭찬 받은 기쁨을 솔직하게 표현한다

칭찬을 하고 칭찬을 받는다는 것은 흔치 않은 일이다. 따라서 칭찬을 받으면 상대방의 배려에 진심으로 기뻐할 줄 알아야 한다. 그러니까 '약간 과장스럽다.'는 느낌이 들 정도의 말로 표현을 하여 기쁜 마음을 어필하도록 하자.

"하늘로 올라갈 것 같습니다."
"노벨상을 수상한 듯한 기분입니다."
"분에 넘치는 영광입니다."
"최고의 기분입니다."
"정말 감사합니다. 이런 기분은 처음입니다."
"그 말씀을 들으니 의욕이 넘칩니다."

이런 식으로, 직접적인 표현을 하면 칭찬을 한 사람도 기분이 좋아진다.

　여기에 약간의 변화를 주어 보다 약간 과장되게 표현하는 방법도 있다.

"스타가 된 기분입니다."
"제 인생 최고의 날입니다."
"전세계에서 제가 가장 행복한 사람인 듯합니다."

　한편 칭찬을 받으면 '좀 더 분발하자!'는 의욕이 샘솟는데 그런 전향적인 마음을 그대로 표현하는 방법도 있다.

"의욕이 더 끓어오르는 것 같습니다."
"이렇게 칭찬해 주시니 백만 마력의 힘을 얻은 것 같습니다."
"이 정도로 만족하지 않고 더욱 분발하겠습니다."
"아직 부족한 점이 많습니다. 앞으로도 최선을 다해 노력하겠습니다."
"그 말씀, 큰 격려가 되었습니다. 더욱 노력하겠습니다."

　운동 선수가 기록을 달성하거나 수상을 하면 흔히 다음과 같은 표현을 한다.
"저를 지원해 주신 코칭 스태프와 동료 여러분 덕분입니다."
　이것은 감사하는 형식을 빌려 주위 사람들을 칭찬하는 방법인데, 이와 비슷한 표현으로는 다음과 같은 것들이 있다.

"과장님께 이런 칭찬을 받다니, 정말 기분 최고입니다."
"앞으로 평생 과장님만 따르겠습니다."
"여러 가지로 지도해 주신 덕분입니다."
"부장님 밑에서 일을 하게 된 것을 정말 행운으로 생각하고 있습니다."

이런 표현은, 칭찬 받은 쪽에서 칭찬해 준 사람을 칭찬하는 표현법이다. 내가 칭찬한 상대방에게서 감사뿐만 아니라 칭찬까지 다시 돌아오므로 기분이 좋아진다.

역설적으로, "좀 더 칭찬해 주십시오. 칭찬을 들으니 의욕이 더욱 끓어오르는군요." 라는 식으로 답변하는 방법도 있다. 하지만 굳이 이렇게까지 답변하지 않아도 앞에서 소개한 것처럼 칭찬해 준 사람을 오히려 칭찬한다면, 당신은 이후에도 더욱 칭찬을 받을 수 있게 되고 두 사람의 거리는 부쩍 가까워진다.

중요한 점은, 약간 과장되게, 또는 입에 발린 말처럼 들릴지라도 신경쓰지 말라는 것이다. 어느 정도 과장된 표현은 모처럼 받은 칭찬에 감동받은 듯한 인상을 준다. 그러면 칭찬을 해 준 상대방은 '그렇게 기분이 좋은가?' 하는 생각에 오히려 만족감을 느끼게 되고, 그럴수록 칭찬의 효과와 가치는 더욱 커진다.

예상치 못했던 선물은 마음을 열게 만든다

선물은 상대방이 진심으로 기뻐할 수 있는 것을 주어야 한다는 생각으로, 어떤 것이 가장 적당한지 진지하게 고민해야 한다. 이런 고민은 그 자체가 즐거움이기도 하다. 그리고 상대방의 마음, 성격, 기호를 생각하고 거기에 맞는 선물을 하려면 평소의 사소한 행동이나 기호에도 관심을 가져야 한다.

예를 들어, 직원이 업무에 지쳐서 기운이 없을 때 힘을 내라는 마음을 담아 음식을 대접한다면 당신은 어떤 것을 선택할까?

가장 먼저 떠오르는 것은 흔한 드링크제일 것이다. 나는 우리 회사를 방문한 고객에게, "이걸 드시면 힘이 불끈 솟아날 것입니다."라고 말하면서 야쿠르트를 제공하는 경우가 많다. 상대방이 감탄하는 표정으로 이쪽을 바라본다면 그의 마음에 여유가 생겼다는 증거다. 이런 사소한 선물은 상대방에게 강력한 인상을 남긴다.

바나나와 토마토

상대의 마음을 열려면 의외성 있는 선물이 효과적인데, 그런 면에서 채소나 과일이 주는 효과는 매우 크다.

나는 바나나와 토마토를 주로 이용한다.

직원에게 "이것 좀 먹고 기운 내게." 하면서 바나나를 내밀면, 곧바로 "이게 뭡니까?"라는 질문이 돌아온다. 그러면 나는 자신감 넘치는 표정으로 "바나나를 먹으면 기운이 나더군."이라고 말한다.

내놓은 것이 예상 밖의 음식이라, 상대방은 '훗' 하고 웃어 버린다. 그때 긴장이 풀리면서 어깨의 힘이 빠져 피로감도 줄어든다. 바나나는 먹은 즉시 열량을 공급하여 효과가 바로 나타나는 에너지원으로 알려져 있기 때문에 '기운을 내라'는 메시지도 선명하게 전달된다.

토마토는 더욱 더 의외라고 생각하는지 받은 사람들 대부분이 깜짝 놀란다.

"날씨가 더우니까 힘들지? 이걸 먹으면 다시 기운이 날 거야."라는 말과 함께 토마토가 담긴 봉투를 내민다. 열어 보는 순간 '어?' 하고 놀라는 소리와 함께 딱딱했던 분위기가 부드러워진다. 바로 기분 전환이 되는 것이다.

나는 고객과의 사이에 문제가 발생했을 때 바나나를 선물하여 문제를 해결한 적이 있다. 남들이 흔히 하는 선물용 과자 대신 바나나를 바나나를 송이째 건넨 것이다.

"여러 가지로 정말 죄송합니다. 이것 좀 드시고 용서해 주십시오."
바나나를 척 꺼내드는 순간 사람들이 웃음을 터뜨렸다. 그 웃음은 마음을 열고 나의 사과를 받아들이겠다는 의사 표시였다.

단 한 가지라도 좋다. 어떤 독특한 선물이 상대방의 마음을 열 수 있는지 당신에게 어울리는 것을 찾아보기 바란다.

제6장

항상 다양한 표현을 생각해 둔다

짙은 갈색, 옅은 갈색, 적갈색, 황갈색…….

이것들은 모두 갈색을 표현하는 말들이다. '갈색'이라는 말로 보아 모두 갈색 계통이라는 사실을 짐작할 수 있는데, 각각의 색깔이 지닌 정도는 차이가 있다.

말로써 다르게 표현된다는 것은 '구별'이 된다는 의미다.

예를 들어, 앞에서 소개한 말들은 같은 갈색이라도 저마다 다르다는 사실을 사실을 나타내기 위해 만들어졌고 또 사용되고 있다. 이런 섬세한 구분이 없다면 색깔을 정확하게 상대방에게 전하기가 어렵다. 단순히 '갈색'이라는 말만으로 어떻게 짙은 정도를 짐작할 수 있겠는가.

그래서 옛사람들은 한 마디로 '갈색'이라고 말하지 않고 '감나무 잎 같은 갈색', '황토빛이 도는 갈색', '노란 색이 감도는 갈색' 하는 식으로 다양하게 색깔의 미묘한 차이를 표현했다.

갈색만 해도 종류가 많이 있듯이, '배가 아프다.'는 사실도 다양하게 표현된다.

쿡쿡 쑤신다, 찌르는 듯이 아프다, 둔한 통증이 느껴진다, 갑자기 격렬한 통증이 느껴진다…….

이는 모두 '배가 아픈 정도'에 따른 다양한 표현이다.

감정을 표현하는 말도 마찬가지다.

'슬프다.'는 표현만 해도 '가슴이 터질 것 같다.', '목이 멘다.', '콧날이 시큰해진다.' 등 다양하다.

'맛이 없다.'는 표현은 또 어떤가. 표현에도 단계가 있어서 '보기만 해도 구역질이 날 정도다.'라는 식의 극단적인 표현에서부터 '그저 그렇다'는 평범한 표현까지 매우 다양하다.

'화가 난다.'는 감정 역시 '다 때려치우고 싶다.'라는 극단적인 표현에서부터 '더 이상 말하고 싶지 않다.'라는 온유한 표현까지 다양하다.

이렇듯 다양한 말의 세계에서 '단계별 감정 표현법'을 숙지하면 당신도 '어휘의 백화점'이 될 수 있다. 표현력을 높이기 위해, 어떤 사실을 설명할 때 의도적으로 어휘를 선택하고 사용법을 다양화하여 마음의 능력을 단련하는 것으로 발전시키는 것이다. 이런 훈련을 반복하면 표현력이 풍부해지고 자유자재로 사용할 수 있는 어휘의 수가 비약적으로 늘어날 것이다.

이번 장에서는 말을 걸 때의 표현을 늘리기 위해 몇 가지 힌트를 소개하기로 한다. 다소 독특하더라도 하나의 힌트가 될 수 있다는 생각으로 참고해 주기 바란다.

체험을 통해 표현력을 향상시킨다

내가 어려울 힘이 되었던 말을 떠올린다

책의 앞부분(20쪽)에서 "반드시 의미가 있을 거야.", "나는 시험 받고 있어."라는 긍정의 말을 소개했다.

나는 한참 슬럼프에 빠져 있을 때 그 말을 들었다. 그리고 그 이후로 일이 힘들 때마다 떠올라 스스로를 격려하는 말이 되고 있다. 그래서 나는 나 자신을 지탱하는 입버릇처럼 사용할 뿐만 아니라 고민에 빠진 사람을 격려하는 말로 사용하고 있다.

　이런 표현은 감정을 자극하는 강도가 클 뿐만 아니라 함축성도 있다. 격려하는 뉘앙스는 그다지 강하지 않은데도 발전적인 행동으로 유도하는 신비한 힘이 깃들여 있다.

　우리는 어렸을 때부터 지금까지 다양한 말을 접해 왔다. 그중에는 "반드시 의미가 있을 거야.", "나는 시험 받고 있어." 라는 말처럼 기억에 남아 있는 말이 있을 것이다. 특히 나 자신이 힘든 일을 겪고 있을 때 누군가가 격려하며 들려주었던 말 가운데는 그런 말이 많이 포함되어 있다.

　기억을 되살려 그런 말들을 찾아내자. 그런 말들은 자기 자신을 위해 사용할 수도 있고 다른 사람을 격려할 때 사용할 수도 있다.

　나는 영화나 텔레비전 드라마, 저명인사의 인터뷰 등을 볼 때에는 노트를 준비한다. 마음에 드는 말이 있을 때 즉시 메모하기 위해서다. 여러분도 노트 한 권이 빼곡하게 채워질 정도로 '멋진 말'을 수집해 두자.

　내가 이큐저팬이라는 회사를 설립한 지 얼마 지나지 않았을 때다. 대기업의 연수를 수주했는데 막상 행사 날이 다다오니 그들이 요구하는 질적 수준에 비해 우리 실력이 미숙하다는 사실이 뼈저리게 느껴졌다. 아무래도 제대로 진행할 수 없을 것 같아

의기소침해졌다.

'큰일났어. 차라리 이 일을 맡지 말걸.' 하는 후회감에 사로잡혀 있을 때 친구가 한마디했다.

"이큐저팬은 고객들이 키워 주고 있군. 행복하겠어. 정말 운이 좋아."

그 순간 머릿속에서 번쩍 하고 불이 켜지는 듯했다. 내 입장에서는 전혀 생각하지 못한 발상이었던 것이다.

고객이 요구하는 수준에 맞추기 위해 최선을 다해 노력하는 것은 고객에 의해 성장하는 것과 같다는 것, 그것은 행복한 일이며, 운이 좋기 때문에 가능하다는 것. 이 한 마디가 에너지가 되어 그 일을 무사히 끝마칠 수 있었다. 무엇보다도 '운이 좋다.'는 말이 마음을 강하게 움직였던 것이다.

그 이후 나는, 곤경에 처했을 때 나 자신을 지탱하는 말로써, 또는 고민하는 사람을 격려하는 말로써 이 말을 매우 소중하게 사용하고 있다.

상대방의 감정에 부합하는 말

재즈를 좋아하는 사람에게

— "라이브 카페에 가서 마음껏 즐기고 오는 게 어때?"

음식은 세계 공통의 건강 표현

— "좋아, 불고기나 먹으러 가자고. 상추쌈도 듬뿍."

에너지를 불러일으키는 말을 연발한다

— "걱정 마! 틀림없이 잘될 거야! 내가 응원할게! 자네는 외톨이가 아냐!"

📢 감정에 부합하는 말이 마음에 다다르는 말이다

2004년에 니가타 현에서 지진이 발생한 직후에 니가타에서 강연을 한 적이 있다.

처음 강연을 제의받았을 때 나는 고민에 빠졌다.

나는 주로 밝은 말 개발의 필요성을 강연 주제로 삼고, 강연 내내 밝은 분위기를 유지하며 직접 대화를 권하는 경우가 많다. 따라서 지진으로 물질적·정신적으로 큰 상처를 입고 피해를 극복하느라 바쁜 사람들에게는 어울리지 않을 것이란 생각이 들었기 때문이다. 고심 끝에 강연을 하지 않는 게 좋겠다고 했더니 주최자가 펄쩍 뛰었다.

"바로 그런 상황이기 때문에 더욱 필요하다고 생각합니다. 부탁드립니다. 꼭 강의해 주십시오."

강연은 지진이 발생한 지 2주일 만에 개최되었다. 고객은 1백 50명 정도. 그중에서 20퍼센트는 지진으로 인한 피해를 입은 사람들이었다.

'EQ란 무엇인가?'를 중심으로 강연을 한 뒤 '밝은 말은 에너지를 낳는다.'는 결론으로 마무리하고, 마지막에 '격려하는 말'을 주제로 하는 슬라이드를 상영했다. 평소에는 '밝은 말'을 주제로 한 슬라이드를 상영해 왔지만 이번에는 강연 대상자가 고난에 처한 분들이었기 때문에 내용을 바꾸었다.

"최선을 다하십시오! 니가타는 반드시 재기할 것입니다! 여러

분, 힘내십시오. 우리가 응원하겠습니다! 웃음을 잃지 마십시
오, 우리는 여러분 편입니다. 꿈은 반드시 이루어집니다. 여러분
은 결코 외톨이가 아닙니다. 여러분은 위대한 시민입니다!"

슬라이드가 상영된 지 얼마 지나지 않아 강연장 여기저기서
흐느끼는 소리가 들려왔다. 밝은 이미지를 주는 말, 발전적인 내
용의 말이 큰 위로와 격려가 된다는 사실이 증명이 된 사례였다.
　사람의 마음은 상상을 초월하는 깊이와 폭, 강인함을 가지고
있다. 마음에 닿기 위해서는 상대방의 감정에 부합해야 한다. 상
대방이 처한 상황과 감정을 이해한 뒤에 건네는 말은 상대방의
마음에 확실히 전달된다.
　니가타 현의 강연을 통해 이 사실을 분명히 확인할 수 있었다.

📢 상대방에게 어울리는 말을 골라 써라

친한 사람이 무슨 이유에선지 축 처져 있다. 어떻게든 격려를
해 주고 싶다.
　'힘 내!', '파이팅!', '어떻게든 되겠지.' 등 당장 상투적인
말이 머릿속에 떠오르지만 어딘지 부족하게 느껴진다. 좀 더 개
성 있는 말로 격려하고 싶다. 마음속에서 기운이 솟아오르게 하

는, 그런 말을 해 주고 싶다······.

이런 상황에 처하면 어떻게 해야 상대가 기운을 낼 수 있을지 생각할 것이다. 그리고 나름대로 생각해 둔 말을 건넬 것이다.

- 상대방이 영화를 좋아하는 사람이라면 — "지금 괜찮은 영화를 상영하고 있는데 보고 오는 게 어때?"
- 상대방이 음식을 즐기는 미식가라면 — "요즘 새우가 제철이니까 먹으러 가자."
- 상대방이 술을 좋아하는 사람이라면 — "오늘 밤새도록 마셔 보자."

상대방과 친밀할수록 격려의 표현을 정확하게 구사할 수 있다. '힘 내!'라든지 '파이팅!' 하고 외치지 않았더라도 격려하고자 하는 마음이 상대방에게 분명히 전달된다. 그리고 이런 말은 상대방의 마음속 깊은 곳까지 전달되어 강력한 에너지로 재탄생한다.

이런 말은 상대방을 충분히 이해하고 있기 때문에 할 수 있는 말이다. 바꾸어 표현하면, 상대방을 충분히 이해하는 것이 적절한 표현을 생각하고 마음에 닿는 말을 할 수 있는 단서가 된다.

격려는 물론 칭찬을 하는 경우, 질책을 하는 경우에도 상대방을 충분히 이해하고 상황과 기호에 맞는 말을 하는 것이 좋다.

상대방의 입장과 감정을 이해할수록 독창적인 표현도 늘어날 것
이다.

📢 음식과 관련된 말은 효과 만점

'기운', '원기'라는 말에 들어가는 '기'는 한자로 '氣'라고 쓴
다. 이 '기(氣)'의 근원은 '쌀[米]'이다. 즉 기운이든 원기든 '쌀'
을 먹지 않고는 낼 수 없다.

쌀을 비롯하여 음식물과 관련이 있는 말은 모두 사람에게 원
기를 되찾아 주는 효력이 있다.

원래 음식은 체력과 건강을 유지하는 에너지원이 되므로, 말
로써 표현되는 것만으로도 에너지를 제공하는 결과를 낳을 수
있다. 특히 장어구이·불고기·삼계탕 등 원기 회복을 돕는 음
식 이름은 특히 격려하는 힘이 강하다.

"힘 내!"라는 말보다, "오늘은 장어구이나 먹으러 가자."라는
말이 훨씬 더 격려의 느낌이 강하다.

"잘될 거야!"라는 말보다 "불고기라도 먹으러 가자. 내가 살
게."라는 말이 보다 발전적이고 의욕을 부추긴다.

나는 항상 강연 마지막 부분에서 밝은 말, 들으면 기운이 나는
말이 연달아 나오는 슬라이드를 상영한다. 그 내용을 보면, 음식

과 관련된 표현이 꽤 많이 포함되어 있다.

마음껏 먹자, 식욕이 넘치는 가을. 풍작, 고기 뷔페, 칠면조 구이. 가마솥에 지은 쌀밥. 구수한 된장찌개. 시원한 맥주…….

이런 말들을 바라보는 것만으로 기분이 발전적으로 바뀐다. 말이 원기를 제공해 주기 때문이다.

명언을 활용해서
의미를 무게감 있게 전달하라

실수를 개의치 않고 일하는 사람에게

— "이기든 지든 변함없는 태도를 유지할 수 있다는 것은 훌륭한 재능이다." — 테니스 스타, 크리스 에버트

실패하여 낙담하고 있는 사람에게

— "실패는 완전한 인생을 위해 반드시 거쳐야 할 과정 가운데 하나다." — 이탈리아 여배우, 소피아 로렌

우울해 있는 사람에게

— "나는 기분이 우울할 때는 숲을 산책한다." — 가수, 스팅

유명인의 말에는 무게감이 있다

나는 유명인의 말을 모아 놓은 책을 자주 읽는다. 강연에 인용할 말을 찾기 위해서이기도 하지만 일상의 대화에서 자연스럽게 활용하기 위한 욕심이 더 크다.

내 앞에는 항상 '말'과 관련된 다양한 종류의 책들이 놓여 있고, 나는 틈이 있을 때마다 읽고 있다.

책을 읽다가 마음에 드는 말이 있으면 수첩에 적어 놓고 외운다. 함축적인 의미의 말은 입버릇이나 좌우명으로 사용할 수 있다. 더구나 명사들의 말에는 마음을 단련하는 데 적합한 말도 많아 감성지수를 높이는 효과가 있다.

이런 말들은 강연을 할 때 사용하기도 하지만 평소에도 자주 사용한다.

예를 들면, 실수를 해도 풀이 죽지 않고 평소와 다름없이 최선을 다해 일하고 있는 직원에게 다가가 갑작스럽게 말을 건넨다.

"이기든 지든 변함없는 태도를 유지할 수 있다는 것은 훌륭한 재능이야."

상대방은 당연히 의아한 표정으로 무슨 말이냐고 반문한다. 그러면 즉시 이렇게 대답한다.

"테니스 스타인 크리스 에버트가 한 말이야."

"아, 그렇습니까!"

대답은 그렇게 해도, 여전히 내가 자기에게 왜 그런 말을 했는지 이해할 수 없다는 표정이다.

"자네를 격려해 주려고 외워 왔어."

이 말 한 마디에 분위기는 즉시 밝아진다. 상대방을 격려하고 싶어 하는 내 마음이 전달된 것이다.

이처럼 아무런 전제도 없이 갑자기 말을 건네는 것이 내 방식이다. 원래 좋은 의미를 담고 있는 말에 '유명인의 말'이라는 양념이 더해져 효과가 크다. 이러한 표현 방식은 여러 상황에서 활용할 만한 가치가 있다.

말과 관련된 책을 읽고 마음에 드는 말을 찾아 내는 작업은 말에 대한 감각을 높여 준다. 이것은 감성지수를 높이는 효과도 있다.

🔊 유명인의 말은 전달되는 수준이 다르다

유명인의 말은, 좋은 의미를 가진 말이면서, 그 말을 사용하는 사람까지 멋지게 보이게 하는 효과가 있다.

내가 사회 초년생으로서 처음으로 일류 은행에 영업하러 나갔을 때가 생각난다. 그때 나는 의도적으로 유명 브랜드의 양복과 볼펜, 가죽 커버 다이어리를 구입했다. 여유 있는 사람으로 보이고 싶다는, 위치가 확실한 사람으로 보이고 싶다는 기분이 들었기 때문이다.

유명인의 말도 그런 소도구의 하나라고 생각하면 어떨까. 상대방의 기분, 그 장소와 분위기에 맞게 시기 적절하게 꺼내 슬 수 있는 이상적인 도구 말이다.

같은 말이라도 유명인이 한 말은 상대방에게 주는 인상이 다르다. 좋은 의미와 말이 하나의 세트를 이루어 강하게 어필하기 때문이다. 유명인의 말을 기억하고, 전달하는 당신의 인상 역시 강하게 남을 것이다.

유명인이란, 분야를 불문하고 확실한 실적을 올린 사람이다. 그들의 말은 실적이 뒷받침해 준다. 따라서 아무리 흔해 빠진 말이라고 해도 유명인이 그 말을 사용하면 무게감이 있다. 그만큼 설득력이 있는 것이다.

📣 스타의 말을 인용한다

현재 활약을 펼치고 있는 사람 중에서 '누구나 이름 정도는 들어 본 적이 있는', '그가 어떤 사람인지 정도는 알 수 있는' 사람의 말은 모든 세대에 통용된다. 운동선수 · 영화배우 · 탤런트 · 저명인사 · 박사 · 화제의 인물 등의 범위는 따양하다.

앞에서 나는 '명사의 말'과 관련된 책을 읽는다고 소개했는데, 그렇다고 '명언집'이나 '잠언집'을 읽는 것은 아니다.

명언집이나 잠언집에 게재되어 있는 말은 철학자·문호·예술가·역사 속 인물 등이 한 말이다. 소크라테스나 플라톤 등 젊은 사람에게 친숙하지 않은 위인의 말은 의미가 아무리 좋아도 지나치게 무거운 인상을 준다. 그래서 나는, 신문·잡지·텔레비전·스포츠계 금메달리스트·유명한 상의 수상자 등의 말에서 좋은 말을 찾는다. 그런 달들은 순간의 감동을 있는 그대로 표현하고 있기 때문에 듣는 사람에게까지 자연스럽게 감정이 전해진다.

특히 내가 가장 주목하는 것은, 패배를 맛본 사람들의 코멘트다. 패자의 코멘트에는 실수를 발판으로 삼아 더욱 성장하겠다는 의욕 넘치는 표현이 많다. 후회나 아쉬움 대신 집념이 느껴지는 말을 사용하기 때문에 강한 의욕과 감동을 느낀다.

다리 부상에서 부활하여 2005년 11월의 도쿄 국제 마라톤에서 우승한 마라토너 다카하시 나오코(高橋尙子)의 인터뷰는 대단히 감동적이었다.

"어둠속에서도 꿈을 버리지 않았기 때문에 하루하루를 충실하게 보낼 수 있었습니다."

그녀의 말은 많은 사람들에게 깊은 감동을 주었다. 어떤 실패로 인해 침울해하는 사람을 격려하는 말로 사용하기에 매우 적합하다.

이처럼 자신에게 감동을 주었던 말을 많이 모아 놓으면 그때그때 상황에 어울리는 알맞은 표현을 할 수 있게 된다.

🔊 어색해 하지 말고 자주 사용한다

동시대를 살고 있는 유명인의 말을 자신의 입버릇이나 좌우명으로 삼으면 가장 쉽게 자주 사용할 수 있다.

"실패는 완전한 인생을 위해 반드시 거쳐야 할 과정 가운데 하나다."

이탈리아의 여배우 소피아 로렌이 한 말이다.

'인생의 한 과정'이라는 비유가 가지고 있는 설득력은, 실패한 사람에게 의욕을 불어넣어 준다. 더구나 실패는 '완전한 인생을 위해 반드시 거쳐야 하는 과정', 즉 실패에도 가치가 있다는 의미이므로 실패를 긍정적으로 받아들일 수 있다. 이 말을 약간 바꾸면, '실패는 인생의 일부에 지나지 않는다.'라고 표현할 수도 있다. 나 또한 침울한 상태에 있을 때 이 말을 들으면 격려를 받은 것 같다.

힘들게 외운 말을 혼자서만 사용하기는 아깝다. 반드시 다른 사람들에게 들려주어 도움이 될 수 있게 하자. 다른 사람에게 자주 사용할수록 그것은 점점 자신의 말이 되어 간다.

말을 이해하는 능력이 커지면서 표현의 수준도 향상된다. 완벽하게 자신의 말이 되면, 적절한 상대에게 자연스럽게 말을 건넬 수 있다.

📢 말 속에 상대방을 배려하는 마음을 담는다

유명인의 말을 사용하는 데 어색함을 느끼는 사람도 있을 수 있다.

'괜히 아는 척한다고 생각하지 않을까?'

'잘난 척하는 사람으로 보이지 않을까?'

그 마음은 충분히 이해할 수 있지만, 말을 건네는 행동 자체가 상대방을 배려하고 있다는 증거다. 상대에게 관심이 없다면 아무도 말을 걸지 않을 것이다. 따라서 당신의 배려는 반드시 상대방에게 전달된다.

실적이 오르지 않아 의기소침해 있는 사람에게 이렇게 말을 건넬 수도 있다.

"가수 스팅은 '기분이 우울할 때는 숲을 산책한다.'고 했어.

그러니까 자네도 기분 전환 좀 하는 게 어때?"

상대방이 의아한 표정을 바라본다면 다음과 같이 덧붙인다.

"지금 자네에게는 이런 말을 선물하는 게 가장 좋을 것 같다고 생각했어."

"자네에게 힘이 될 수 있는 좋은 말을 선물하고 싶어서 외워 온 거야."

그리고 한 걸음 더 나아가 자신의 마음을 보다 더 솔직하게 표현한다.

"자네가 걱정돼서 그래."

어떤 상황에서 적절한 말을 떠올리기가 쉽지 않다면 미리 준비를 해두자. 누군가를 만날 예정이라면 세 가지 정도의 말을 선택해서 미리 외워 두었다가 대화 도중에 상대방의 감정에 맞는 것을 끼워 넣는다.

비즈니스 상담에서는, 상대방의 마음을 편안하게 하거나, 긴장을 완화시키거나, 흥을 돋구는 것이 계약 성사에 도움이 되는 경우가 많다. 따라서 미리 좋은 표현들을 준비해 두는 것도 유비무환의 비결이다.

말은 지금 당장이라도 바꿀 수 있다

여러분은 새해 첫날이 되면 1년 동안의 계획을 세우고 나름대로 '올해의 목표'를 정할 것이다.

매일 근력 운동으로 비만에서 탈출하겠다, 매주 한 권씩 책을 읽는다, 올해는 반드시 담배를 끊겠다 등등……

하지만 막상 계획을 실행해 보면 목표 달성은 고사하고 며칠 실행하는 것조차 힘겹다는 것을 알게 된다. 목표를 세우는 순간은 뭔가 변화될 것 같은 느낌이 들면서 기분이 좋지만, 작심삼일로 끝나는 경우가 허다하다.

지속해 온 행동을 바꾼다는 것은 쉽지 않은 일이다. 하지만 평소에 사용하는 말을 바꾸는 것은 간단하다. 어조를 밝게 하거나 한두 마디 밝은 표현을 추가하면 되기 때문이다.

부하 직원의 보고서를 보고 "알았네." 라고만 응수하던 사람이

"고생 많았어."라고 한다.

"대체 지금까지 뭘 한 거야!" 하고 핀잔만 주던 사람이 "이번에는 꽤 노력했는데."라는 말을 덧붙인다.

단 한 마디만 바꾸거나 덧붙이면 된다. 큰 결심을 해야 할 필요도 없는 약간의 변화일 뿐이다. 그래도 주위 사람들은 확실한 변화를 깨닫는다.

"과장님이 요즘 변하셨어."

그 결과 확실하게, 즉각적으로 대인관계에서 변화가 나타날 것이다.

격려하는 말, 칭찬하는 말을 건네면 상대방으로부터 미소가 돌아온다. 그 미소에 의해 기분이 좋아지고 행복감을 느낀다. 그래서 또 격려를, 칭찬을 하고 싶다는 강한 욕구가 생긴다.

한 마디의 말을 바꾸는 것만으로도 "더 많은 말을 건네 보자.", "더 좋은 쪽으로 말을 바꾸어 보자."는 바람직한 순환이 이루어지는 것이다. 상대방과 주위의 반응이 바뀜에 따라 자신도 변화하는 것이다. 그리고 시나브로 말뿐만 아니라 행동도 바람직한 방향으로 바뀌고 있다는 사실을 깨달을 것이다.

말은 지금부터라도 당장 바꿀 수 있다. 당신의 말이 상대방의 마음에 확실하게 다다를 수 있기를 바란다.

죽음과 삶은 혀의 힘 안에 있다.

— 솔로몬 왕